Todos los libros de Linkgua Ediciones cuentan con modelos de Inteligencia Artificial entrenados por hispanistas. Pregúntale al chat de tu libro lo que desees acerca de la obra o su autor/a.

Para **ebooks**: Accede a nuestro modelo de IA a través de este enlace.

Para **libros impresos**: Escanea el código QR de la portada con tu dispositivo móvil.

Obtén análisis detallados de nuestros libros, resúmenes, respuestas a tus preguntas y accede a nuestras ediciones críticas generativas para una experiencia de lectura más enriquecedora.

La transparencia y el respeto hacia la autoría de las fuentes utilizadas son distintivos básicos de nuestro proyecto. Por ello, las respuestas ofrecen, mediante un sistema de citas, las fuentes con las que han sido elaboradas.

Evaristo Carriego

Poemas

Barcelona 2024
Linkgua-ediciones.com

Créditos

Título original: Poemas.

© 2024, Red ediciones S.L.

Diseño de cubierta: Michel Mallard.

ISBN rústica ilustrada: 978-84-9629-058-7.
ISBN tapa dura: 978-84-9953-584-5.
ISBN ebook: 978-84-9897-686-1.

Cualquier forma de reproducción, distribución, comunicación pública o transformación de esta obra solo puede ser realizada con la autorización de sus titulares, salvo excepción prevista por la ley. Diríjase a CEDRO (Centro Español de Derechos Reprográficos, www.cedro.org) si necesita fotocopiar o escanear algún fragmento de esta obra.

Sumario

Créditos	4
Brevísima presentación	13
La vida	13
Viejos sermones	15
Por el alma de Don Quijote	17
Las últimas etapas	23
La muerte del cisne	29
La apostasía de Andresillo	31
I Pues, aquí estoy señores. Pues... yo soy Andresillo,	31
II Así, olvidando algunas de las cerriles mañas,	31
III ...Aquí medro y engordo. Tranquilamente yanto,	32
IV En fin... quietos curiosos: malicio que ya es mucha	33
Envíos	35
A Doña Sylla Silva de Mas y Pi	37
A Carlos de Soussens	41
A Juan Mas y Pi	43
A Juan José de Soiza Reilly	47
Sarmiento	51
Canillita	53

Vulgar sinfonía	55
A Carcavallo	57
Leyendo a Dumas	59
Ofertorios galantes	69
De la tregua	71
El clavel	73
Revelación	75
Tus manos	77
Exótica	79
En silencio	81
De primavera	83
Invitación	85
En el patio	87
Tu secreto	89
Filtro rojo	91
Después del olvido	93
Tu risa	95
Ratos buenos	97

A la antigua	99
Las manos	101
A Colombina en carnaval	103
El alma del suburbio	107
La viejecita	109
El guapo	113
Detrás del mostrador	115
El amasijo	117
En el barrio	119
De la aldea	121
Residuo de fábrica	123
La queja	125
La guitarra	129
Los perros del barrio	133
Ritos en la sombra	137
Los lobos	139
Imágenes del pecado	143
En la noche	149

Murria	151
Visiones del crepúsculo	153
En la sombra	157
Reproche musical	159
Bajo la angustia	161
Frente a frente	163
De invierno	165
Funerales báquicos	167
Día de bronca	171
La canción del barrio	175
El camino de nuestra casa	177
«Mamboretá»	179
I Así la llaman todos los chicos de Palermo.	179
II Una viuda sin hijos la sacó de la cuna,	179
La muchacha que siempre anda triste	181
La francesita que hoy salió a tomar el Sol	183
Como aquella otra	185
En el café	187
Mambrú se fue a la guerra	189

Otro chisme	191
Lo que dicen los vecinos	193
La enferma que trajeron anoche	195
El ensueño	197
El hombre que tiene un secreto	199
El silencioso que va a la trastienda	201
El suicidio de esta mañana	203
El casamiento	205
El velorio	211
Has vuelto	215
La costurerita que dio aquel mal paso	217
La que hoy pasó muy agitada	219
¿No te veremos más?	221
La inquietud	223
La costurerita que dio aquel mal paso	225
Cuando llega el viejo	227
Caperucita roja que se nos fue	229
Aquella vez que vino tu recuerdo	231

Por ella	233
¿Qué será de ti?	235
Por la ausente	237
La vuelta de Caperucita	239
Íntimas	241
Aquella vez en el lago	243
Una sorpresa	245
Como en los buenos tiempos	247
¿Recuerdas?	249
La música lejana que nos llega	251
Conversando	253
Cuando hace mal tiempo	255
De sobremesa	257
Interior	259
La silla que ahora nadie ocupa	261
Por las madrecitas modestas	263
La que se quedó para vestir santos	265
La dulce voz que oímos todos los días	267

Te vas	269
Sola...	271
Los viejos se van	273
Reíd mucho, hermanitas	275
Ninguna más	277
El nene está enfermo	279
El aniversario	281
El otoño, muchachos	285
Mientras el barrio duerme	287
Está enfermo y quiere verte	291
En el cuarto de la novia	293
¡Por el corazón!	295
La lluvia en la casa vieja	297
Ahora que estás muerta	301
Hay que cuidarla mucho, hermana, mucho...	303
Libros a la carta	307

Brevísima presentación

La vida
Evaristo Carriego (1883-1912). Argentina.
Nació en Paraná, en 1833 y estudió en Buenos Aires.
Escribió en diversas publicaciones de la época, como La Protesta, Ideas, Caras y caretas y otras. Escribió además poemas, obras de teatro y cuentos.
Tras su muerte, en 1912, aparecieron dos libros que abarcan toda su obra poética: Poemas póstumos y La canción del barrio.

La poesía de Evaristo Carriego está marcada por su realismo opuesto a las corrientes simbolistas de la poesía argentina de ese momento. Borges lo reivindicó en oposición a la poesía modernista y como recuperación de una Argentina en desaparición.

Viejos sermones

Por el alma de Don Quijote

A don Salvador Boucau, uno de los pocos

Con el más reposado y humilde continente,
de contrición sincera; suave, discretamente,
por no incurrir en burlas de ingeniosos normales,
sin risueños enojos ni actitudes teatrales
de cómico rebelde, que, cenando en comparsa,
ensaya el llanto trágico que llorará en la farsa,
dedico estos sermones, porque sí, porque quiero,
al único, al Supremo Famoso Caballero,
a quien pido que siempre me tenga de su mano,
al santo de los santos Don Alonso Quijano
que ahora está en la Gloria, y a la diestra del Bueno:
su dulcísimo hermano Jesús el Nazareno,
con las desilusiones de sus caballerías
renegando de todas nuestras bellaquerías.
Pero me estoy temiendo que venga algún chistoso
con sátiras amables de burlador donoso,
o con mordacidades de socarrón hiriente,
y descubra, tan grave como irónicamente,
—a la sandez de Sancho se la llama ironía—,
que mi amor al Maestro se convierte en manía.
Porque así van las cosas; la más simple creencia
requiere el visto bueno y el favor de la Ciencia:
si a ella no se acoge no prospera y, acaso,
su propio nombre pierde para tornarse caso.
Y no vale la pena (no es un pretexto fútil
con el cual se pretenda rechazar algo útil)
de que se tome en serio lo vago, lo ilusorio,
los credos que no tengan olor a sanatorio.

Las frases de anfiteatro, son estigmas y motes
propicios a las razas de Cristos y Quijotes
—no son muchos los dignos de sufrir el desprecio,
del aplauso tonante del abdomen del necio—
en estos bravos tiempos en que los hospitales
de la higiénica moda dan sueros doctorales...
Sapientes catedráticos, hasta los sacamuelas
consagran infalibles cenáculos y escuelas
de graves profesores, en cuyos diccionarios
no han de leer sus sueños los pobres visionarios...
¡De los dos grandes locos se ha cansado la gente:
así, santo Maestro, yo he visto al reluciente
rucio de tu escudero pasar enalbardado,
llevando los despojos que hubiste conquistado,
en tanto que en pelota, y nada rozagante,
anda aún sin jinete tu triste Rocinante!
(Maestro, ¡si supieras!, desde que nos dejaste,
llevándote a la Gloria la adarga que embrazaste,
andan las nuestras cosas a las mil maravillas:
todas tan acertadas que no oso describillas.
Hoy, prima el buen sentido. La honra de tu lanza
no pesa en las alforjas del grande Sancho Panza.
Tus más fieles devotos se han metido a venteros
y cuidan de que nadie les horade los cueros.
Pero, aguarda, que, cuando se resuelva a decillo,
ya verás qué lindezas te contará Andresillo,
aunque hay alguna mala nueva, desde hace poco:
aquel que también tuvo sus ribetes de loco,
tu primo de estas tierras indianas y bravías,
—¡lástima de lo añejo de tus caballerías!—
tu primo Juan Moreira, finalmente vencido
del vestiglo Telégrafo, para siempre ha caído,
mas sin tornarse cuerdo: tu increíble Pecado...

¡Si supieras, Maestro, cómo lo hemos pagado!
¡Tu increíble Pecado...! ¡Caer en la demencia
de dar en la cordura por miedo a la Conciencia!)
Para husmear en la cueva pródiga en desperdicios,
no hacen falta conquistas que imponen sacrificios:
sin mayores audacias cualquier tonto con suerte
es en estos concursos el Vencedor y el Fuerte,
pues todo está en ser duros. El camino desviado
malograría el justo premio del esforzado...
Por eso, cuando llega la tan temida hora
del gesto torturado de una reveladora
protesta de emociones, el rostro se reviste
de defensas de hielo para el beso del triste;
y porque ahogarse deben, salvando peores males,
las rudas acechanzas de las sentimentales
voces de rebeldía —quijotismo inconsciente—
también se fortalecen, severa, sabiamente,
los músculos traidores del corazón, lo mismo
que los del brazo, en sanas gimnasias de egoísmo,
donde el dolor rebote sin conmover la dura
unidad necesaria de la férrea armadura:
quien no supere al hierro no es del siglo; no medra.
¡Qué bella es la impasible cualidad de la piedra!
El ensueño es estéril; y las contemplaciones
suelen ser el anuncio de las resignaciones.
El ensueño es la anémica llaga de la energía;
la curva de un abdomen —toda una geometría—
es quizás el principio de un futuro teorema,
cuyas demostraciones no ha entrevisto el poema...
En la época práctica de la lana y del cerdo
—hoy, Maestro, tú mismo te llamarías cuerdo—
se hallan discretamente lejos los ideales
de los perturbadores lirismos anormales.

El vientre es razonable, porque es una cabeza
que no ha querido nunca saber de otra belleza
que la de sus copiosas sensatas digestiones:
fruto de sus más lógicas fuertes cerebraciones.
Por eso, honradamente, se pesan las bondades
del genio, en la balanza de las utilidades,
y si a los soñadores profetas se fustiga
hay felicitaciones para el que echa barriga.
Y esto no tiene vuelta, pues está de por medio
la razón, aceptada, de que ya no hay remedio...
Como que cuando, a veces, en el Libro obligado,
la Biblia del ambiente, de todos manoseado,
hay un gesto de hombría traducido en blasfemia,
Por asaz deslenguado lo borra la Academia...
La moral se avergüenza de las imprecaciones,
de los sanos impulsos que violan las nociones
del buen decir. El pecho del mejor maldiciente
que se queme sus llagas filosóficamente,
sin mayor pesar, antes de irrumpir en verdades
que siempre tienen algo de ingenuas necedades,
porque quien viene airado, con gestos de tragedia,
a intentar gemir quejas aguando la comedia,
es cuando más un raro, soñador de utopías
que al oído de muchos suenan a letanías...
Por eso, remordido pecador, yo me acuso
—preciso es confesarlo— de haber sido un iluso
de fórmulas e ideas que me mueven a risa,
ahora que no pienso sino en seguir, aprisa,
la reposada senda, libre de los violentos
peligros que han ungido de mirras de escarmientos
las plantas atrevidas que pisaron las rosas
puestas en el camino de las rutas gloriosas.
Pero ya estoy curado, ya no más tonterías,

que las gentes no quieren comulgar insanías...
¡En el agua tranquila de las renunciaciones
se han deshecho las hostias de las revelaciones!
Ya no forjo intangibles castillos cerebrales,
de románticos símbolos de torres augurales.
Sobre el dolor ajeno ni siquiera medito,
porque sé que una frase no vale lo que un grito;
y, sin ser pesimista, no caigo en la locura
de buscar una página de serena blancura,
donde pueda escribirse la canción inefable
que ha de cantar el Hombre de un futuro probable.

Las últimas etapas

Ya puestos en camino,
la fuerza propulsara de la marcha
nos impele a seguir, con la serena
actitud, sin desmayos, de la causa
sustentadora de un ideal glorioso,
que luce sus ensueños de esperanza
como flámulas rojas que flotasen
en jirones de carnes torturadas.
Nos impele a seguir. Siempre la brega
deja un poco de fiebre sobre el alma,
en la frente un fulgor, y en la pupila
la radiante visión de las etapas;
etapas de dolor, hechas teorías
de credos inefables, de parábolas
de lengua incomprendida que pasasen
en la locomoción de las audacias,
¡como una blanca tropa de lirismos
por inmortales rutas incendiadas!
Preciso es continuar. Todas las dudas
que agobian la cabeza con su carga,
son grilletes fatales del cerebro
y su sitio mejor está en la espalda.
Arrojémoslas, pues. En el avance
hay un cóndor audaz que no se arrastra:
cóndor es la pasión, jamás sujeta,
de las vidas enfermas de ser sanas.
¡Con rumbo hacia lo azul: aunque deslumbre
lo intenso de la luz, hay que mirarla!
Los primeros fulgores
quemarán, tras la noche de las ansias;

la primera visual que los descubra
ocultos en la sombra impenetrada,
así como una antorcha cuyo fuego
ardiese el brazo que la levantara.
¡Insanías de amor, que los enfermos
del manicomio de ese Ideal contagian!...
¡Locos, venid! Yo quiero aquí, en el canto,
soltar al viento un corazón con alas:
Los discretos normales podrán solo
arrojarnos las piedras de sus lástimas...
¡No haya vacilación! El derrotero
se ha poblado de enérgicas constancias;
pero, porque no siempre en el peligro
hay carne de temblores libertada,
también es necesario
hacer que resplandezcan llamaradas,
del fecundo calor de un entusiasmo,
en la quietud mortal que todo embarga,
¡como una floración de primaveras
en el propio país de las escarchas!
Si se llagan los pies en el camino,
más firme, mucho más, será la marca:
en la senda candente que cruzamos
se ve mejor la huella ensangrentada.
Alienten la Epopeya,
los himnos fraternales de esperanza
alzados entre vítores y músicas
con el clamor de las protestas bravas,
como un beso de paz sobre una inmensa
cicatriz que dejase la jornada,
y en cármenes de púrpura
resurjan reventando sus fragancias
¡todas las rosas del Amor perenne

que perfuman la enorme caravana!
Y en el salmo coral, que sintoniza
un salvaje ciclón sobre la pauta,
venga el robusto canto que presagie,
con la alegre fiereza de una diana,
que recorriese como un verso altivo
el soberbio delirio de la gama,
el futuro cercano de los triunfos,
futuro precursor de las revanchas;
el instante supremo en que se agita
la visión terrenal de las canallas,
los frutos renovados
en la incesante fuerza de las savias,
del germen luminoso que cayera
en el resurgimiento de las almas,
¡como una rubia polución de soles
en el vientre del surco derramada!
¡Un ensueño en camino,
que sufre la obsesión de la montaña,
bajo la plenitud de las auroras
que alumbran los tropiezos de la marcha!
No hay obstrucción posible: es el Principio
la promesa del Fin. Arde en la llama
de la hoguera moral, el negro escombro
de la atávica Torre de ignorancias,
madre de ese temor: lo incognoscible,
cuyos tupidos velos desgarrara,
en la prisión intelectual más honda,
—rechazando el concepto de la Nada—
la verdad de la Ciencia hecha Justicia
al procesar la Esfinge del Nirvana!
La gesta de las causas en los siglos,
no ha bordado poemas en sus páginas.

El libro de los mártires no tiene
sino una historia de grandezas trágicas,
de sangre floreciendo en el tormento
sus azucenas que parecen lacras...
¡Clarín de los suplicios cuyas voces
en las generaciones se dilatan!
Toda Idea fue así. ¡Dolor bendito
de heridas que supuran enseñanzas!
Al lado de la Cruz está la Horca,
—y es bueno no quererlas separadas—
¡el leño o el dogal: hablen las épocas,
pues la Cruz y la Horca son hermanas!
¡Y por eso en la lidia,
camino al porvenir de la Cruzada,
coronando el pendón de las bravuras,
los trofeos, aún tibios, se levantan,
como ejemplos viriles anunciados
en la fulguración de la escarlata,
desde sórdidos púlpitos sangrientos
por muertos sacerdotes que aun tronaran
palabras de rencor hechas conjuros,
predicando el sermón de las venganzas!
Triste labor del Odio,
que desata sus hordas de amenazas,
diciendo su creación demoledora
a las hoscas angustias de la Raza.
Los tremendos instantes de la prueba
saben de los martillos que no aplastan
los ímpetus hermosos, más hermosos
después del golpe que sobre ellos baja;
y en la espera, nerviosa, del momento
del derrumbe final, la última etapa,
a través de las brumas sigilosas

que pueden ocultar la Ciudad blanca,
se descubren, allá, en otro horizonte,
espléndidas auroras que se alzan,
los risueños Orientes —¡bienvenidos!—
los iris eternales del mañana;
¡arcos gloriosos de los triunfos nuevos
por donde toda la Epopeya pasa!
Y tras el loco batallar de siglos,
así como después de la jornada
en infinitas gotas se traduce
la honra del sudor sobre las caras,
sobre las rudas frentes, pensativas
como un viejo Pesar que meditara,
la cicatriz de sangre se resuelve
en agua de Perdón que todo lava,
en agua dulce y bautismal, borrando
las huellas más infames, más amargas,
¡como un Jordán de olvido que quitase
hasta el recuerdo mismo de las manchas!
Preciso es continuar; cada desmayo
hace ver insalvables las distancias.
En la estéril noción de lo imposible,
los músculos morales se relajan,
y en el afán que el miedo empequeñece
se ven lejos las cumbres más cercanas.
La formidable voz de anunciaciones
estremece el ambiente con sus vastas
repercusiones de tonantes notas,
cubriendo las necrópolis de calmas.
La anunciación postrer que se divulga
con los alertas de cerebros-guardias.
...Muertos odios que vuelven en caricias
las opresiones de la lucha bárbara,

¡como una herida que revienta en flores
y perfuma las vendas maculadas!
...Ya puestos en camino,
no se esquiva el obstáculo: se aparta.
La senda libre de cualquier tropiezo
nunca fue la más digna de la planta
encallecido en la ascensión penosa
del breñal que la suerte deparara.
¡Así va la legión, atravesando
los últimos espacios que separan
del rumbo abierto al porvenir soñado,
como ruta augural, por donde marchan
las sombras fugitivas del silencio,
en larga proyección, cantando hosannas
si triunfantes por fin, y si vencidos,
cayendo frente al Sol, como las águilas!

La muerte del cisne

En un largo alarido de tristeza
los heraldos, sombríos, la anunciaron,
y las faunas errantes se aprontaron
a dejar el amor de la aspereza.
Con el Genio del bosque a la cabeza,
una noche y un día galoparon,
y cual corceles épicos llegaron
en un tropel de bárbara grandeza.
Y ahí están. Ya salvajes emociones,
rugen coros de líricos leones...
cuando allá en los remansos de lo Inerte,
como surgiendo de una pesadilla,
¡grazna un ganso alejado de la orilla
la bondad provechosa de la Muerte!

La apostasía de Andresillo

I Pues, aquí estoy señores. Pues... yo soy Andresillo,
¿no recuerdan ustedes? Yo soy aquel chiquillo
a quien el gran Quijote librara cierto día
—porque ahí encajaba bien su caballería—
de la nube de palos, que mi amo, furioso,
sobre mí descargaba ferozmente donoso.
Al pobre señor loco le hice una ruin ofensa,
maldiciendo, más tarde, su gallarda defensa,
dejándole mohíno, cabizbajo y corrido.
(Sé que fui un mentecato). Después, arrepentido,
al correr de los años, comprendiendo la humana
obra que yo pagase con acción tan villana,
deseoso de la gracia del noble caballero,
sobre su incierto rumbo interrogué al ventero
y el muy bellaco, riendo, me relató su muerte...
(Desde entonces empieza lo malo de mi suerte).

II Así, olvidando algunas de las cerriles mañas,
vine a ser otro andante, soñador de fazañas
inauditas y fieras, en lides peligrosas
que los encantamientos no hacen siempre sabrosas.
Porque ya se mostraba cansado de su dueño
al flaco Rocinante cambié por Clavileño,
y recorrí la tierra, buscando honor y fama
que ofrecer a mi hermosa, desconocida dama,
de quien he recibido desdenes y rigores,
hasta que, al fin, vencido de los encantadores,
me trajeron a esta prisión o manicomio,

una institución sabia, digna de todo encomio,
en donde escarnecido sin cesar, y aporreado
como mi buen maestro, seriamente he pensado
que desfacer agravios no es sino una locura
que honrara solo al triste de la Triste Figura.

III ...Aquí medro y engordo. Tranquilamente yanto,
sin jamás acordarme de mi viejo quebranto
tan magro y tonto. Nunca, ni aun en broma, peco
suspirando retornos al antiguo embeleco.
No hay una sola parte donde mire y no encuentre,
como emblema del siglo, una bolsa y un vientre...
Y así va todo esto: de la misma manera
que en los menguados tiempos de la pasada era.
Los potentados viven de prematuros cielos,
y los que nada tienen que se lo papen duelos...
De las lanzas famosas de las justas de antes
hoy harían bastones los duchos comerciantes,
y, sacando provecho, del yelmo de Mambrino
venderían quincallas para guardar tocino.
Si se habla a Dulcinea de amorosas pasiones
no es mucho que se mezclen venteriles razones.
Los valientes envíos, vizcaínos y gigantes,
ahora se traducen en perlas y brillantes.
Basilio está de malas: aunque audaz el muchacho,
sus industrias no valen las ollas de Camacho.
Hasta Aldonza Lorenzo, la hija de Corchuelo,
reniega de los callos que heredó de su abuelo.
Si bien ya es una dama, no sé por qué barrunto
que el olor de los ajos anda muy en su punto.
Para los que libertan recuas encadenadas,
ahora como entonces hay asaz de pedradas.

Ginesillo ha dejado de ser titiritero:
por sospechosas artes ha ascendido a banquero.
El barbero y el cura, pregonando sus ciencias,
en buenas migas, raspan y escrutan las conciencias.
El bachiller Carrasco, sin reposar momento
pontifica en la cátedra de su doctoramiento,
deslumbrando a los bobos, que serán sus secuaces,
y acallando la grita de los puros y audaces.
(Mi aporreado maestro no hubiera permitido
que mease en su celada ningún recién parido).
Los yangüeses de marras, prontos en sus desmanes,
cuidan yeguas ajenas y se llaman rufianes.
A la Justicia —¡pobre reina Micomicona!—
cualquiera Malambruno le hurta la corona.
Los andantes del día se salen del camino
si ven a la distancia las aspas de un molino;
aunque hoy poco valdrían los hidalgos gentiles
fuertes perseguidores de pícaros y viles,
pues doncellas y viudas hallan amparo en esos
burdeles de oratorio con nombre de Congresos.
Muy semejante a aquello —quizás en lo aromado—
que cuando los batanes hizo Sancho apremiado
por urgencias mayores, en situación bien crítica,
hay aquí cierta cosa que se dice política.
Los gobernantes gozan de mil prebendas diarias
y se rascan y comen en estas Baratarias,
porque en pos del misterio de los grandes destinos
nadie baja a la honda cueva de Montesinos.

IV En fin... quietos curiosos: malicio que ya es mucha
peroración, y acaso me merezca una ducha
del jayán enfermero cuidador de mis males,

—en verdad que me ahorquen si yo sé de los tales—
y peor es meneallo. Con que... buenos señores,
hasta... que os permitan mis doctos curadores
nuevas sutiles burlas, si no tenéis reparo
de oír, en horas de ocios, a este caso tan raro
que dos, únicamente, la humanidad ha visto,
y ellos no fueron otros que Don Quijote y Cristo.
Aquí me hallaréis siempre, manso a las exigencias
de discretas preguntas y suaves ocurrencias
de los graves galenos o de vuesas mercedes,
honesto y comedido como lo ven ustedes...

Envíos

A Doña Sylla Silva de Mas y Pi

En su álbum

Si de estas cuerdas mías, de tonos más que rudos,
te resultasen ásperos sus rendidos saludos,
y quieres blandos ritmos de credos idealistas,
aguarda delicados poemas modernistas
que alabarán en oro tus posibles desdenes,
coronando de antorchas tan olímpicas sienes,
devotos de la blanca lis de tu aristocracia,
con que ilustro los rojos claveles de mi audacia;
o espera, seductora, decadentes orfebres
que graben tus blasones en sus creadoras fiebres:
yo trabajo el acero de temples soberanos:
los sonantes cristales se rompen en mis manos.
Palmera brasileña, que al caminante herido
ofrendarás tus dátiles de Pasión y de Olvido,
en el Desierto Único: tú eres la apoteosis
que nimbando de incendios sus fecundas neurosis,
cruzas por los vaivenes de sus hondos desvelos
como si fueras Luna de sus noches de duelos.
Yo traigo a tu floresta la Alondra moribunda
que, en el violín del Bosque, preludió la errabundo
sinfonía terrena de aquel Ardor eterno
que ahuyenta suavemente las aves del Invierno,
y en las horas tranquilas descubre su cabeza
como un símbolo vago de Amor y de Belleza.
...Y pasas, y no sola, presintiendo dorados
orientes, los propicios a los enamorados,
como una novia enferma que evoca espirituales
promesas en las largas noches sentimentales;

o esperas al amado, sonriente, como algunas
heroínas que aguardan al amor de las lunas
hojeando florilegios alegres de la Galia,
con manos de Giocondas poéticas de Italia.
¡Oh, las divinas magas que comulgan misterios
en los ratos fugaces de indecibles imperios...
cuyos tiernos mandatos y ansiadas tiranías
de las claudicaciones saben las agonías!
Quiero brindarte versos porque te finjo buena,
con no sé qué bondades y porque eres morena
como la inspiradora de mis lejanos votos...
—perspectivas azules de paisajes remotos—.
Generosa que amparas de los fríos crueles,
como un fruto viviente de tus sanos vergeles,
las rosas inviolables que tus labios oprimen.
(¡Oh, las instigadoras del ensueño y del crimen!)
Paloma fugitiva de la Ciudad vedada,
donde el dolor muriera bajo la enamorada
caricia del Consuelo: Ciudad donde las risas
suenan como campanas de las futuras Misas!
Ya sobre los hastíos de tus meditaciones,
como en fugas radiantes escucharás canciones
de músicas heráldicas, de las músicas locas
que enardecen las ansias y enrojecen las bocas
en besos fecundantes, cual rocíos de mieles
que hasta en el yermo hicieron florecer los laureles.
Yo, a tu rostro moreno consagraré violetas,
las nerviosas amadas tristes de los poetas,
y allá en las tibias tardes, serenas de optimismos,
cuando al disipar todos tus más graves mutismos
mis estrofas de hierro torturen tu garganta,
has de pensar, acaso, si es un hierro que canta!
Como un deslumbramiento de rubias primaveras

irradian y perfuman las dichas prisioneras
de todos tus encantos. ¡Oh, poemas paganos!
Heroína y señora de rondeles galanos:
para que siempre puedas orquestar tus mañanas
calandrias y zorzales mis selvas entrerrianas
te ofrecen en mis trovas. ¡Que en todos los momentos
te den las grandes liras sus más nobles acentos,
y revienten las yemas donde el Placer anida,
en las exaltaciones gloriosas de la Vida
que surgen en el cálido Floreal de tus horas
como un carmen de auroras, eternamente auroras!

A Carlos de Soussens

Caballero de Friburgo, de un castillo de aventuras
cuyas águilas audaces remontaron el Ideal,
soñadoras de los nidos de las líricas futuras,
la pupila al Sol abierta, coronando las alturas,
en el vuelo de armonías de una musa: la orquestal.
Visionario de un ensueño que inspiró un vino divino,
melancólicas vendimias de las uvas de tu Abril...
tú también tendrás un Murger, y verá el Barrio Latino
perpetuarse tu bohemia; milagroso peregrino,
compañero de prisiones en la Torre de marfil...
Que se cumpla, por tu gloria, la promesa de Darío,
al decirte de una estatua sobre firme pedestal;
que relinchen tus corceles los clarines de su brío;
que la virgen del sudario no desole con su frío
el jardín de poesía de un eterno Floreal.
En las misas de tu credo, más cordiales, más inquietas,
que te canten y consagren fugitivo de Verlaine;
que te nombren compasivas las Mimís y las Musetas,
y relaten conmovidos sus pintores y poetas
cuando entrabas predicando por tu azul Jerusalén...
Que tus pálidas princesas de inefables corazones,
lleven lirios de tus rimas a un olímpico París...
con las hostias fraternales de tus suaves comuniones
que el orfebre de los triunfos en tus líricos blasones,
grabe todos tus laureles con olivo y flor de lis.
¡Ya serás, en el recuerdo, cuando seas un pasado,
como aquel de la leyenda que tus éxtasis meció,
ya serás, para in eternum, de algún bronce perpetuado,
como guardan tus memorias infantiles, por sagrado,
aquel beso con que Hugo tu niñez acarició!

A Juan Mas y Pi

En la gran copa negra de la sombra que avanza
quiero probar del vino propicio a la añoranza.
Quiero beber el vino que bebiéramos juntos
y estos ratos, de aquéllos, serán nobles trasuntos.
(No sé por qué a esta hora, sombría y silenciaria,
me ha invadido el cerebro de fiebre visionaria.)
En la acera de enfrente, su clara risa suena
una muchacha alegre como una Nochebuena.
El arrabal, desierto, conmueve un organillo,
y bailan las marquesas del sucio conventillo;
y vienen las memorias, conturbadas e inciertas
como un vago regreso de ensoñaciones muertas...
...He leído tu libro. Un saludo levanta
la voz del entusiasmo, que perdura y que canta;
la voz alentadora de buenas expansiones
en las largas teorías de nuestras comuniones.
Aquel señor tan loco... —Único hijo de Dios,
y Único caballero— nos hermanó a los dos.
(Y eso que tú quisiste, no sé por qué cruel
sospecha inconfesable, serle una vez infiel...
Mas, ya estás perdonado. Pero en verdad te digo
que en otra no te escapas sin sufrir tu castigo...
En la calma severa de las meditaciones:
dolor de tus constantes inquietas obsesiones,
ideando el derrotero de los rumbos plausibles
se enfermó tu cabeza de ensueños imposibles...
Te veo como antes, duro en el bien y el mal,
pletórico de un ansia de vida ascensional.
De tus actuales fórmulas hiciste las amadas
que en la expansión te ofrendan bellezas flageladas.

Has volcado el consuelo de tu mejor augurio
en el vaso de angustias: el cáliz del tugurio.
Amas el bello gesto que en las horas aciagas
tiene orgullo de púrpura para cubrir las llagas.
Te obsede el clamoreo de enormes muchedumbres,
que van, con su epopeya de siglos, a las cumbres...
Compañero: seamos en nuestra misa diaria
tentación, sermón, hostia: todo menos plegaria.
Cantemos en las liras de los credos tonantes
la canción nunciadora de mañanas radiantes.
La vida es dolor siempre, así cambie de nombre:
es dolor hecho carne y es dolor hecho hombre.
Libertémosla, entonces, de los contagios viles
que, en la sangre, empobrecen los glóbulos viriles.
¡En marcha al país nuevo de las brumas ausentes,
que un día vislumbraron los geniales videntes!
Derrotando el silencio pregona la conquista
el salmo combativo de un fuerte Verbo artista.
Pongamos en lo hondo de las frases más sacras
besos consoladores que suavicen las lacras.
En procesión inmensa va el macilento enjambre;
mordidas las entrañas por los lobos del hambre.
Lo custodia el misterio, y lleva en sus arterias
inoculado un virus de sórdidas miserias;
no hay que temer la lepra que roe los abyectos:
quizás es peor la higiene de los limpios perfectos.
Efigien su nobleza también los infelices:
¡Blasón de los harapos, lis de las cicatrices!
¡Lidiemos en la justa de todos los rencores...
insignias de los bravos modernos luchadores!
Para esperarte, amigo, después de la contienda,
aunque sea en el yermo yo plantaré mi tienda.
Te envío, pues, mis versos, mis versos torturados,

como flores amargas de jardines violados...
¡Y sean mis estrofas los heraldos cordiales
de una lírica tropa de poemas triunfales!

A Juan José de Soiza Reilly

Al astrólogo ensueño, sus novias: las estrellas,
contáronle el secreto de unas cosas tan bellas
que un ruiseñor lunático, que cantaba a las rosas,
puso en sus sinfonías esas extrañas cosas.
Era un noble pronóstico, que, enigmáticamente,
irradiaba su verbo, como un límpido oriente
en gestación de soles. (Quizá una profecía
de los magos geniales en blanca epifanía).
Eran graves promesas. Era un coro de astros
que dejaba en la pauta sus luminosos rastros:
Yo, en mi musa salvaje, los evoqué, y entonces
hablaron las estrellas con la voz de los bronces.
Y así ritmo un saludo. Si hallas la canción dura,
es porque cada estrofa tiene algo de armadura,
que al corazón resguarda de la flecha amistosa:
la que al clavarse, a veces se vuelve ponzoñosa.
Tal vez en el Envío que trabaja mi mano
me ayuda Perogrullo ¡tan ingenioso y llano!
... Son versos como zarzas, pero hay en sus rudezas
muchas síntesis bravas de temidas bellezas.
La epopeya del triunfo se ha anunciado sonora,
al galope del rojo centauro de la aurora,
que llega, como heraldo de la ciudad lejana,
precursor del saludo, del laurel y la diana.
Floraciones de músicas en un carmen de gloria
divulgan los clarines la futura victoria,
pues, sobre nidos de águilas se ha soñado la lumbre
de las teas clavadas en la más alta cumbre.
Desfilan en el biógrafo del recuerdo entusiasta,
los residuos amargos de la sufriente casta:

tus vagabundos trágicos, tus tristes heroínas:
testas de manicomios, cuellos de guillotinas;
tus perros soñadores, con nostalgias de Luna,
la historia de la humana pasión donde se aduna
el delito y el beso, la amada y el suicida
que se fue de la reja y después de la vida;
tus asesinos bárbaros, apóstoles del crimen,
tus pobres Margaritas que jamás se redimen,
tus poetas borrachos, con hambres de apoteosis,
tus Nietzsches de presidios en celdas de neurosis...
Y lo demás y todo... La herida de la pena,
que tiene tintes rojos para cada azucena,
y el último lamento del niño moribundo
que fue como un andrajo flotando sobre el mundo.
Y lo que no harás nunca: lo que ocultó su clave,
tal alma que al cerrarse se guardara la llave,
lo que dejó la vida, por infame y monstruoso,
en una frase trunca de gesto doloroso.
...Sea tu credo, hermano, mezcla de luz y acero:
el triunfador es bravo y es duro el justiciero,
porque la bondad misma, no es sino el espejismo
que esconde el burgués sello del señor Egoísmo.
Así, mantén tu lema: fuerte como la muerte,
para siempre in eternum, porque ya de esa fuerte
raza de Don Quijote vamos quedando pocos:
¡no hablaron de los vientres los Zarathustras locos!
Acometen serenos los modernos andantes,
que aun medran soberbios vestigios y gigantes.
¡Cabeza y brazo para realizar el empeño:
si Rocinante es torpe que venga Clavileño!
Den, sin temor, ejemplos de viriles acciones
delante de las jaulas de todos los leones
y el burlador cobarde que se clave en la frente

las bellezas normales que le hacen ser hiriente.
Buscando los peligros, en ignoradas sendas,
no sabrán las heridas de femeniles vendas,
pero, eso sí, las lanzas, señores caballeros,
encontrarán molinos y, aun mucho más, carneros,
entuertos y prejuicios, y otros añejos males,
bellacos, malandrines, follones, hidetales
y toda la caterva del torvo Encantamiento
que ha hecho del abdomen Ideal y Pensamiento.
...Compañero: ¡levanta, coronando imposibles,
el quijotismo, y lleva, como armas invencibles,
cuando emprendas alguna simbólica salida,
el genio por escudo, y por blasón la vida!

Sarmiento

Una luz familiar; una sencilla
bondadosa verdad en el sendero;
un estoico fervor de misionero
que traía por Biblia una cartilla.
Cuando en la hora aciaga, en el oscuro
ámbito de la sangre, su mirada
de inefable visión fue deslumbrada
y levantó su voz, a su conjuro,
en medio de las trágicas derrotas
y entre un sordo rumor de lanzas rotas,
sobre las pampas, sobre el suelo herido,
se hizo cada vez menos profundo
el salvaje ulular, el alarido
de las épicas hordas de Facundo.

Canillita

En la muerte de Florencio Sánchez

¡Siempre el mismo!... Ingrato... ¿Te parece poco
que jamás volvamos a encontrar tus huellas?
Sí, nunca hallaremos romero más loco...
¡Qué cosas las tuyas! ¡Irte a las estrellas!...
No mereces casi que así te lloremos...
¡Irte a las estrellas! ¡Adiós, Canillita!
Siempre, siempre, ¿sabes?, te reprocharemos
que hayas dejado tan sola a Catita.
¡Por ella, su pobre pajarito bueno,
bésale en los ojos, Jesús Nazareno
que estás en la cruz!
¡Por ella que ahora se queda más triste
que todos los tristes que en el mundo viste,
ciérrale los negros ojazos sin luz!

Vulgar sinfonía

A Doña Leonor Acevedo de Borges

Como las extraordinarias
pero irreales doncellas
que vieron en las estrellas
las hostias imaginarias
de sus noches visionarias,
así tus blancas patenas
quedarán tan solo llenas
de tu gesto de mujer,
porque hoy no podría hacer
de segador de azucenas.
Y bien puedo adivinar
—pese a una amable indulgencia—
bajo tu leve elocuencia,
que, en la décima vulgar
que aquí me atrevo a dejar,
tu gentil alma de Francia
no ha de aplaudir la arrogancia
de diez bravos caballeros
que conversan prisioneros
en una lírica estancia.
Pero si no hay madrigal
de antigua delicadeza,
sobre mi pobre rudeza
tengo una rosa augural:
—que ya es flor espiritual
pues son mis votos ahora,
que eternamente, señora,
vivas la olímpica gesta

del ensueño, de la fiesta,
de los lirios, de la aurora.
Y que tu hijo, el niño aquel
de tu orgullo, que ya empieza
a sentir en la cabeza
breves ansias de laurel,
vaya, siguiendo la fiel
ala de la ensoñación,
de una nueva anunciación
a continuar la vendimia
que dará la uva eximia
del vino de la Canción.

A Carcavallo

En su noche

Porque esta hora todos la vivimos contigo,
y es propicia la noche y el ambiente es cordial,
vaya el trovar, gustado en el rincón amigo,
con un antiguo y vago sabor sentimental.
Por los que todavía creen un poco en la Luna,
por los que riman una canción de juventud,
por las damas que escuchan, suaves como en alguna
primavera de versos, ¡compañero, salud!
Salud, por esta hora que vivimos contigo,
salud, porque al conjuro del verso que te digo
realicen su serena gloriosa comunión,
la Amistad y la Lira, la gracia femenina,
un puñado de rosas de la tierra argentina
y una copa del rojo vino del corazón.

Leyendo a Dumas

(Fragmento)

—Ya es hora, prima: las nueve.
Empieza, pues, la lectura.
Ruge el viento afuera: llueve,
y el viejo caño murmura
un son constipado... un son...
Empieza ya, que la abuela
te ha prometido atención.
Abre la dulce novela
donde tanta bella historia
nos cuenta el novelador,
que cuando uno hace memoria
no sabe cuál es mejor:
El embozado que ama
a una que no conoce
y a quien dio cita la dama
cerca del Louvre, a las doce.
La cena de la hostería...
la hora... la callejuela...
¡Medrada la fantasía
y vacía la escarcela!
Cadetes, guardias, tizonas,
siempre en trances de estocadas
y venga oír las gasconas
ingenuas baladronadas.
Intrigas de cortesanos;
fastuosos, regios festines...
¡Qué altivos, qué soberanos
van los bravos paladines

pasando con sus sombreros
de multicolores plumas!
¡Ay, prima, los caballeros
amados del viejo Dumas!
Brunos los del Mediodía,
rubios los del Septentrión:
quién viene de Picardía
y quién del país bretón.
Hidalgüelos, segundones,
bolsa ruin y noble cuna...
Mienten bien los fanfarrones
lances de amor y fortuna.
¡Y es de ver! En el apuesto
continente, ¡qué jactancia!
Luce empenachado el gesto
de los soldados de Francia.
¡Qué de contar cosas bellas
en el patio del mesón,
frente a unas cuantas botellas
del buen vino borgoñón!
¡Vino de Borgoña, sabio
vino que torna sutil
el ingenio, cuando el labio
dice una razón gentil;
vino de Borgoña, vino
que si se bebe una vez
nos deja como un divino
recuerdo de su embriaguez!
....
Abre la novela, amiga.
Nosotros te escucharemos:
Sabes que no nos fatiga
oír tu voz. Continuemos

el capítulo empezado
anoche, ese donde va
casi al fin de su reinado
Carlos IX de Valois.
Carlos IX, rey poeta,
príncipe de noble raza,
que con palabra discreta
narra historias de la caza.
Rey cazador, rey trovero,
entendido en montería
que charla con su halconero
de achaques de cetrería
y hace versos con Ronsard.
Muchas veces él ha dicho
que quisiera ser juglar;
pero solo es un capricho
de señor que se fastidia
presa de un sombrío encono,
quizá al ver cuanta perfidia
hay en torno de su trono,
cuantas mezquinas traiciones...
Fuera su vida serena
a no ser las ambiciones
de la casa de Lorena.
Caviloso, hosco, altanero,
no le mirase la corte
de venir el heredero
que no le da su consorte.
Si es que al responder no intentas
burlarte, novelador:
¿de las cosas que nos cuentas
cuál de todas es mejor?
Narren prosas las odiosas

pasiones de Catalina.
¡Ah, las intrigas tortuosas
de su astucia florentina!
¡Margarita!... Elogien versos
su belleza: canten liras,
pero no en votos adversos,
ni en cortesanas mentiras,
el nombre de la más bella
princesa de cuento en flor:
ninguna fue como ella,
sabia en latín y en amor.
No lució tan alta estrella
la constelación real:
repito que como ella
ninguna... No es madrigal.
¡Los secretos que no ignora
cierta azafata! Si hablara
y la oyesen, su señora
inclinaría la cara
avergonzada en el pecho.
Mas no tema la realeza;
ni por femenil despecho
cometiera tal vileza.
Elogie la lira, alabe
el dulce rostro soñado
a la luz serena y suave
de su sonrisa.
    A su lado
qué antipático, qué feo
personaje el de Alençon.
Me parece que le veo
meditando una traición.
Nunca tuviese enemigo

tan desleal el Bearnés:
mal hermano, mal amigo
y mal príncipe francés.
Da risa cuando concibe
empresas que él sueña grandes:
si a batallar se apercibe
—memorias mandan de Flandes—
casi no hay quien le venza,
¡vaya con el capitán!,
y era nieto, ¡qué vergüenza!,
del héroe de Marignan...
Llore el verso al gentilhombre
más cumplido y más galante
que en Provenza llevó nombre;
al amador más constante.
Lector, el que le recuerde,
téngale en memoria fiel:
presumido, pisaverde,
pero valiente doncel.
Resuelto, airoso, buen porte,
poeta y espadachín,
entró con mal pie en la corte
y fue trágico su fin.
¡Pobre Lamole! Verso, rima,
llorad por el caballero
vuestra canción...
     —Sigue, prima.
—¿Y aquel bravo compañero,
pelirrojo, vulgarote,
locuaz, pendenciero, que
mató uno que otro hugonote
en la San Bartolomé?
Siempre metido en pendencias

no dan poco que reír
sus airadas ocurrencias,
eso sí, supo morir.
Monseñor, duque de Guisa,
¿esa apostura bizarra
no merece una sonrisa
de la reina de Navarra?
¡Ah, la sonrisa orgullosa
del dulce tiempo feliz,
cuando ella encontraba hermosa
la gloriosa cicatriz
que sobre el rostro persiste,
como un blasón de fiereza!
Se os ve serio, adusto, triste:
¿qué es de la vuestra grandeza?
Margarita... ¡Ella no sabe!
Solo por decir: ¡la vi!,
mordido de duda grave
abandonasteis Nancy,
y os la halláis —¡con cuánta pena,
monseñor!— de otro prendada...
A vos, duque de Lorena,
el de la cara cortada.
No ya caído el embozo,
solo, en la noche desierta,
ahogando vuestro ardor mozo
acecharéis cierta puerta.
¡No! Ya no furtivamente
a la hora de la queda,
a vuestro oído impaciente
llegará el rumor de seda
de un vestido:
        —«Dios os guarde

monseñor... La noche es fría...
Vamos, seguidme, que es tarde...»
Voz juvenil que decía
con acento picaresco:
—«Dejad pasar, es amigo...»
al centinela tudesco
que vela junto al postigo
con soñoliento desgano.
Ya no como sombra vaga
cruzaréis, firme la mano
en el puño de la daga,
por desiertos pasadizos
de negruras torvas, hondas,
lejos de reitres y suizos
que, ya giradas sus rondas,
como al calor familiar
de las cosas de la tierra,
hablan del distante hogar
o de lances de la guerra.
No iréis, sigiloso el paso,
aunque marcial la apostura,
como marchando al acaso
de una trivial aventura,
sonriendo de cuando en cuando
a la azafata que os mira
a hurtadillas, suspirando:
(¿por qué será que suspira?)
Ni temiendo algún injusto,
algún celoso reproche
que os cause pena y disgusto
subiréis a medianoche,
con rendido pensamiento,
por ignorada escalera

al retirado aposento
donde Margot os espera,
no sin que a su rostro asome
la inquietud y la emoción,
mientras Carlos juega al home
con Juan, duque de Crillon,
quien fácilmente se irrita
perdiendo algunos doblones,
en tanto Alençón medita
en sordas conspiraciones
y la reina madre reza
sus oraciones nocturnas
por que huyan de su cabeza
las ideas taciturnas,
o, abandonando hace rato
el libro que no leía,
departe con su Renato
de alquimia y hechicería.
No ya por los corredores
de palacio habrán de ir luego
vuestros pasos sin rumores,
no oiréis, apagado, el ruego:
—«Alzaos, duque, la espuela»,
de la azafata que os guía
y que de todo recela:
«¡No os señale algún espía
a rufianescos aceros!
Se urden tantas emboscadas
que bien pueden sorprenderos
y daros de puñaladas...»
Margarita... Ella lo sabe:
solo por decir «¡la vi!...»
mordido de duda grave

abandonasteis Nancy.
Ya no más iréis a verla
ni elogiará la azafata
vuestra ropilla gris perla
ni vuestra capa escarlata.
La azafata... Oh, su indiscreto.
su delicioso rubor...
Quizás pensaba en secreto
—«¡Qué arrogante es monseñor!»...

Ofertorios galantes

De la tregua

Un instante no más. Vengo a cantarte
la canción del laurel. ¡Alza la frente
que es la única digna del presente
que, en mi salutación, voy a dejarte!
Tendrá el orgullo de tu sentimiento,
hoy, otra vez, el soñador cansado
que se acerca a buscar aquí, a tu lado
el generoso olvido de un momento.
Y en la tregua fugaz, mientras se asoma
tu Sol a mi pesar indefinido,
consentirá el león, agradecido,
que peine su melena una paloma.
Una ausencia gentil de mi fiereza,
cortés claudicación admirativa,
te dejará anunciarme, imperativa,
la altivez inmortal de tu belleza.
Pero, aunque pueda ser así, no quiero
la sujeción de tus amables lazos,
ni en la suave cadena de unos brazos
de las ternuras ser un prisionero.
Ni aguardes que hasta ti caricias lleve,
pues no debo quitarme la armadura
ni aún en homenaje a tu hermosura,
siendo el reposo de mi afán tan breve.
Y no puedo ceder, ni frente al rico
róseo panal de tu sonrisa leda:
¡El hierro luce mal junto a la seda
y el escudo no sirve de abanico!
Eso sí, en la canción, antes que vuelva
a mi fuerte Ideal, verás, acaso,

para orquestar las horas a tu paso,
un regreso de alondras a mi selva.
Eso sí, la canción tiene un lirismo
tierno y galante para cada beso
que amanece en tus labios, y por eso
se ha puesto a declinar mi pesimismo.
Tal es, pues, lo que digo; y hoy, que llenas
mis odres de pasión con tus bondades,
¡sobre el rojo clavel de mis crueldades
sangrarán mi perdón tus azucenas!
...Y después de beber en tus castalias,
como en lago de amor tranquilo y terso,
¡te besaré las sienes con un verso
para calzar de nuevo las sandalias!

El clavel

Fue al surgir de una duda insinuativa,
cuando hirió tu severa aristocracia,
como un símbolo rojo de mi audacia,
un clavel que tu mano no cultiva.
Quizás hubo una frase sugestiva,
o viera una intención tu perspicacia,
pues tu serenidad llena de gracia
fingió una rebelión despreciativa...
Y así, en tu vanidad, por la impaciente
condena de un orgullo intransigente,
mi rojo heraldo de amatorios credos
mereció, por su símbolo atrevido,
como un apóstol o como un bandido,
la guillotina de tus nobles dedos

Revelación

Lujosamente bella y exquisita,
con aire de gitana tentadora,
llegaste, adelantándote a la hora,
rodeada de misterios a la cita.
El salón reservado oyó la cuita
de una cálida noche pecadora,
y el amor de tu carne ofrendadora
reventaron las yemas de Afrodita.
Fue en esa breve noche de locuras,
propicia al Floreal de tus ternuras,
que, cual glóbulos de ansias pasionales,
tu sangre delictuosa de bohemia
infiltró en el cansancio de mi anemia
¡el ardor de los fuertes ideales!

Tus manos

Me obseden tus manos exangües y finas,
¡tus manos!, puñales de heridas ajenas,
cuando en el teclado predicen, en notas,
las inapelables deseadas condenas...
Tus manos, amores de nardos y rosas,
cuya Histeria tiene sangre de Pasiones,
como aquellas suaves que guardan ocultas
en venas azules sombrías traiciones.
Como las nerviosas manos de mi amada,
que, en largas teorías de gestos cordiales,
devotas del dulce crimen amatorio,
¡degüellan mis mansos corderos pascuales!

Exótica

Tiene un rico sabor de canela
el encanto andaluz que derrama
ese hermoso donaire flamenco,
que trajiste del barrio de Triana.
—En su patio de Sol, vio Sevilla
adornarse por ti las guitarras,
hoscos ceños de majos celosos
y torneos de fieras navajas—.
A tu lado, me envuelve en perfumes
la mantilla que cubre tus gracias,
y tu sangre, de ardor y misterio,
su bravía pasión me contagia.
Y me pongo a pensar en heridas
de claveles y frutas moradas,
cuando se abre la flor de tus labios
en el carmen de todas las ansias.
Y me llenan de luz la cabeza,
yo no sé qué canciones bizarras
de tu tierra de amor y alegría,
y deseo aventuras extrañas,
aventuras rarísimas, cuando
—como un vaso de néctar de Málaga—
en la copa mortal de tus besos
bebo un vino de sangre gitana.

En silencio

Que este verso, que has pedido,
vaya hacia ti, como enviado
de algún recuerdo volcado
en una tierra de olvido...
para insinuarte al oído
su agonía más secreta,
cuando en tus noches, inquieta
por las memorias, tal vez,
leas, siquiera una vez,
las estrofas del poeta.
¿Yo...? Vivo con la pasión
de aquel ensueño remoto,
que he guardado como un voto,
ya viejo, del corazón.
¡Y sé, en mi amarga obsesión,
que mi cabeza cansada,
de la prisión de ese ensueño
caerá, recién, libertada
¡cuando duerma el postrer sueño
sobre la postrer almohada!

De primavera

En un carro triunfal hecho de auroras,
y envueltas en flotantes muselinas,
con impudor de audacias femeninas
han llegado las nuevas doce horas.
El viejo de las frígidas doloras,
lloradas en letales sonatinas,
va huyendo, incorruptible en sus neblinas,
de las doce muchachas pecadoras.
¡Una orgía de luz...! ¡Hoy se ha llenado
de músicas el nido fecundado,
y el cantor de selváticos poemas,
—heraldo de los sueños germinales—
anuncia en sus pregones orquestales
¡el reventar glorioso de las yemas!

Invitación

Amada, estoy alegre: ya no siento
la angustiosa opresión de la tristeza:
el pájaro fatal del desaliento
graznando se alejó de mi cabeza.
Amada, amada: ya, de nuevo, el canto
vuelve a vibrar en mí como otras veces;
¡y el canto es hombre, porque puede tanto,
que hasta sabe domar tus altiveces!
Ven a oír: abandona la ventana...
Deja al mendigo en paz. ¡Son tus ternuras
para el dolor, como las de una hermana,
y solo para mí suelen ser duras!
¡Manos de siempre compasiva y buena,
yo tengo todo un Sol para que alumbres
ese olímpico rostro de azucena
hecho de palidez y pesadumbres!
Hoy soy así. Soy un poeta loco
que ve su dicha de tus tedios presa...
¡Ven y siéntate al piano: bebe un poco
de champaña en la música francesa!
No quiero verte triste. De tu cara
borra ese esguince de pesar cansino...
¡Hoy yo quiero vivir!... ¡Qué cosa rara,
hoy tengo el corazón lleno de vino!

En el patio

Me gusta verte así, bajo la parra,
resguardada del Sol del mediodía,
risueñamente audaz, gentil, bizarra,
como una evocación de Andalucía.
Con olor a salud en tu belleza,
que envuelves en exóticos vestidos,
roja de clavelones la cabeza
y leyendo novelas de bandidos.
—¡Un carmen andaluz, donde florecen,
en los viejos rincones solitarios,
los rosales que ocultan y ensombrecen
la jaula y el color de tus canarios!—
¡Cuántas veces no creo al acercarme,
todo como en un patio de Sevilla,
que tus más frescas flores vas a darme,
y a ofrecerme después miel con vainilla!
O me doy a pensar que he saboreado,
mientras se oye una alegre castañuela,
un rico arroz con leche, polvoreado
de una cálida gloria de canela.
¡Cómo me gusta verte así, graciosa,
llena de inquietos, caprichosos mimos,
rodeada de macetas, y, gloriosa,
desgranando pletóricos racimos!
Y mojarse tus manos delincuentes,
al reventar las uvas arrancadas,
como en sangre de vidas inocentes
a tu voracidad sacrificadas...
Y ver vagar, cruelmente seductora,
en esos labios finos y burlones,

tu sonrisa de Esfinge, turbadora
de mis calladas interrogaciones.
Y desear para mí, las exquisitas
torturas de tus dedos sonrosados,
¡que oprimen las doradas cabecitas
de los dulces racimos degollados!

Tu secreto

¡De todo te olvidas! Anoche dejaste
aquí, sobre el piano, que ya jamás tocas,
un poco de tu alma de muchacha enferma:
un libro, vedado, de tiernas memorias.
Íntimas memorias. Yo lo abrí, al descuido,
y supe, sonriendo, tu pena más honda,
el dulce secreto que no diré a nadie:
a nadie interesa saber que me nombras.
...Ven, llévate el libro, distraída llena
de luz y de ensueño. Romántica loca...
¡Dejar tus amores ahí, sobre el piano!
...De todo te olvidas ¡cabeza de novia!

Filtro rojo

Porque hasta mí llegaste silenciosa,
la ardiente exaltación de mi elocuencia
derrotó la glacial indiferencia
que mostrabas, altiva y desdeñosa.
Volviste a ser la de antes. Misteriosa,
como un rojo clavel tu confidencia
reventó en una amable delincuencia
con no sé qué pasión pecaminosa.
Claudicó gentilmente tu arrogancia
y al beber el locuaz vino de Francia,
—¡oh, las uvas doradas y fecundas!—
un aurora tiñó tu faz de armiño,
¡y hubo en la jaula azul de tu corpiño
un temblor de palomas moribundas!

Después del olvido

Porque hoy has venido, los mismo que antes,
con tus adorables gracias exquisitas,
alguien ha llenado de rosas mi cuarto
como en los instantes de pasadas citas.
¿Te acuerdas?... Recuerdo de noches lejanas,
aún guardo, entre otras, aquella novela
con la que soñabas imitar, a ratos,
no sé si a Lucía, no sé si a Graciela .
Y aquel abanico, que sentir parece
la inquieta, la tibia presión de tu mano;
aquel abanico ¿te acuerdas?, trasunto
de aquel apacible, distante verano...
¡Y aquellas memorias que escribiste un día!
—un libro risueño de celos y quejas—.
¡Rincón asoleado! ¡Rincón pensativo
de cosas tan vagas, de cosas tan viejas!...
Pero no hay los versos: ¡Qué quieres!... ¡te fuiste!
—¡Visión de saudades, ya buenas, ya malas!—.
La nieve incesante del bárbaro hastío
¿no ves?, ha quemado mis líricas alas.
...¿Para qué añoranzas? Son filtros amargos
como las ausencias sus hoscos asedios...
Prefiero las rosas, prefiero tu risa
que pone un rayito de Sol en mis tedios.
¡Y porque al fin vuelves, después del olvido,
en hora de angustias, en hora oportuna,
alegre como antes, es hoy mi cabeza
una pobre loca borracha de Luna!

Tu risa

Cuando escucho el rojo violín de tu risa,
en el que olvidados acordes evocas,
un cálido vino —licor de bohemia—
me llena el cerebro de músicas locas.
Un vino que moja tu noble garganta...
—una húmeda jaula de finos cristales,
cuyas orquestales invisibles rejas,
aprisionan raros divinos zorzales—.
Y cuando lo escancias, cordiales de un ritmo
que roba caricias a los terciopelos,
caen en mi ropa, de espumas amargas,
cual lluvia de estrellas de líricos cielos.
¡Tu risa!... Me encanta, me obsede el oído,
como un intangible sonoro teclado
sobre el que han volcado los duendes amables
un rico y bullente champaña dorado.
No sé por qué a veces, si en rápida fuga
tus polifonías se van diluyendo,
por mi éxtasis pasan tristes y jocosos
pierrots que muriesen llorando y riendo...
No sé por qué a veces me quedo pensando
en óperas breves, donde colombinas
hermosas y rubias, fingiesen collares
de luz en las danzas de las serpentinas.
O, muy vagamente, bajo mecedores
gentiles ensueños de cosas francesas,
me creo en florido jardín de Versalles,
acechando un coro de lindas marquesas.
Si acaso disipa mis hondos mutismos,
con su leve magia de dulces misterios,

en la quietud vibra, como una sonata
de alegres clarines en un cementerio.
Cuando en el silencio, custodiando el Odio,
llegan del hastío las rondas crueles,
sobre esas heridas: flores de la sombra,
ella agita y vuelca su taza de mieles...
Cuando en mis severas Misas taciturnas
se oye tu fanfarria, de sones ligeros,
el Genio, vencido por tu musa loca
suaviza del rito los bronces austeros.
Tus líricas flautas y tus ocarinas
anuncian la fiesta de las armonías,
y mariposean por toda la gama
donde baila siempre, cautiva parlera.
Por eso, semeja tu boca un mineático
salón, decorado con frescos de notas,
donde baila siempre, cautiva parlera,
una roja dama, galantes gavotas.
Por eso, te ofrecen mis cisnes altivos,
que tus adorables alondras desdeñan,
la dulce agonía del último canto
y doblan el cuello y escuchan y sueñan.
Por eso, si bebo tu risa bohemia,
—armónico vaso de néctares suaves—
¡mi pobre cabeza se llena de Luna
y claudican todos sus órganos graves!

Ratos buenos

Está lloviendo paz. ¡Qué temas viejos
reviven en las noches de verano!
Se queja una guitarra, allá a lo lejos,
y mi vecina hace reír el piano.
Escucho, fumo y bebo, mientras el fino
teclado da otra vez su sinfonía:
El cigarro, la música y el vino
familiar, generosa trilogía...
...¡Tengo unas ganas de vivir la riente
vida de placidez que me rodea!
Y por eso quizás, inútilmente,
en el cerebro un cisne me aletea...
¡Qué bien se está, cuando el ensueño en una
tranquila plenitud se ve tan vago!...
¡Oh, quién pudiera diluir la Luna
y beberla en la copa, trago a trago!
Todo viene apacible del olvido
en una claridad de cosas bellas,
así como si Dios, arrepentido,
se hubiese puesto a regalar estrellas.
¡Qué agradable quietud! ¡Y qué sereno
el ambiente, al que empiezo a acostumbrarme,
sin un solo recuerdo, malo o bueno,
que, importuno, se acerque a conturbarme!
Y me siento feliz, porque hoy tampoco
ha soñado imposibles mi cabeza:
En el fondo del vaso, poco a poco
se ha dormido, borracha, la tristeza

A la antigua

¡Oh, señora: gentil dama de mis noches!,
¡oh, señora, mi señora, yo le ruego
que abandone esa romántica novela:
orgullosa favorita de sus dedos!
Que abandone sus historias de aventuras
donde hay citas, donde hay dueñas y escuderos,
callejuelas y sombríos embozados
y tizonas y amorosos devaneos;
acechanzas del camino y estocadas
de cadetes o gallardos mosqueteros,
y amador noble y rendido de su reina,
algún Buckingham lujoso y altanero.
Que abandone, le repito, su romance,
su romance mentiroso, pues confieso
que me enoja la atención que le dispensa,
con agravio de mis quejas y mis celos.
De mis celos, sí, lo digo, tal me tienen
las hazañas del cuitado caballero,
a quien sueña usted, señora, contemplando
sus balcones, con la escala de Romeo.
¡Oh, señora, mí señora!, son las doce...
¿Hasta cuándo piensa usted seguir leyendo?
¡Hay valor en su tenaz indiferencia
que no teme los peligros del silencio!...
Son las doce: ya se aprontan los aleves,
los galantes forajidos de los besos,
a cruzar la callejuela de unos labios
donde anoche asesinaron al Ensueño...
¡Ay, entonces, de las bocas asaltadas
por los rojos embozados del Deseo!

¡Ay de usted, señora mía, si la encuentran!...
¡Que la salve su hazañoso caballero!

Las manos

A todas las evoco. Pensativas,
cual si tuvieran almas, yo las veo
pasar, como teorías que viniesen
en las estancias líricas de un verso.
Las buenas, las cordiales, generosas
madrecitas de olvidos en los duelos,
las buenas, las cordiales, que ya nunca
las volvimos a ver, ni en el recuerdo.
Las manos enigmáticas, las manos
con vagos exotismos de misterio,
que ocultan, como en libros invisibles,
las fórmulas vedadas del Secreto.
Las manos que coronan los designios,
las manos vencedoras del Silencio,
en las que sueña, a veces, derrotado,
un tardío laurel de luz el genio.
Las pálidas, con sangre de azucenas,
violadas por los duendes de los besos,
que vi una vez, nerviosas, deslizarse
sobre la gama azul de un florilegio.
Las manos graves de las novias muertas,
rígidas desposadas de los féretros,
leves hostias de ritos amatorios
que ya nunca jamás comulgaremos;
esas manos inmóviles y extrañas,
que se petrificaron en el pecho
como una interrogante dolorosa
de la inmensa ansiedad del postrer gesto.
Las crueles que saben el encanto
del fugaz abandono de un momento.
Las exangües, las castas como vírgenes

severas domadoras del Deseo.
Las santas, inefables, las ungidas
con miras de perdón y de consuelo:
amadas melancólicas y breves
de los poetas y de los enfermos.
Las románticas manos de las tísicas,
que, en la voz moribunda de un arpegio,
como conjuro agónico angustiado,
llamaron a Chopin, desfalleciendo...
Las manos que derraman por la noche
los filtros germinales en el lecho:
las que escriben las cláusulas fecundas
sobre las carnes que violó el invierno.
Las manos sin amor de las amadas,
más frías y más blancas que el pañuelo
que se esfuma en las largas despedidas
como paloma del adiós supremo.
¡Las Únicas, las fieles, las anónimas
las manos que en los ojos de algún muerto
pusieron, al cerrarlos, la postrera
temblorosa caricia de sus dedos!
Las manos de bellezas irreales,
las manos como lirios de recuerdos,
de aquellas que se fueron a la Luna,
en la piedad del éxtasis eterno.
Las místicas, fervientes como exvotos,
inmaterializadas en el rezo,
las manos que humanizan las imágenes
de los blondos y tristes nazarenos.
Y las manos que triunfan del Olvido,
¡ésas, blancas como el remordimiento
de no haberlas besado, ni siquiera
con el beso intangible del ensueño!

A Colombina en carnaval

Colombina, ¿qué se hicieron
tus risas de cascabel?
¡Ah!, desde que se perdieron
—lo saben quienes te oyeron—
quedó inconcluso, un rondel...
Surge de las viejas salas
y como antes, oportuna,
vuelve a reinar, hoy que exhalas
suspiros por las escalas
con que asaltaste la Luna.
¿Por qué ese reír que suena
como un fúnebre fagot?...
Si es la que yo sé tu pena,
no te aflijas, que serena
fue la muerte de Pierrot.
Murió de haberte querido...
Y ahora que sé tu mal,
para empaparte de olvido,
voy a mojar tu vestido
con agua de madrigal.
Pero debo imaginarte
entre todas confundida,
si es que quieres disfrazarte,
y así, empezaré a rimarte
la estrofa ayer ofrecida.
Y puesto que eres coqueta,
sensible a un buen decidor,
porque lo mandas, inquieta,
me vestiré de poeta
para cantarte mejor.

Anónima enmascarada
que vas, nerviosa, a la cita,
de sutil gasa adornada,
con una media calada
que a la indiscreción incita:
Lleva el disfraz colorado,
que te acompaña al placer,
la sangre que ha derramado
un corazón reventado
en tus manos de mujer.
Marquesita sin blasones,
sabia en la broma galante,
que escuchas en los salones
correr mil murmuraciones
de elogios a la intrigante...
¡Cómo luce tu altanero
orgullo de flor de lis
cuando habla ese caballero
con traje de mosquetero
del tiempo de algún rey Luis!...
Coqueta, linda coqueta,
risueñamente locuaz:
escondida y bien sujeta
lleva siempre la careta
debajo del antifaz.
Pues que está oculta la hermosa,
la fina mano enguantada,
¡van, en la seda olorosa,
cinco lirios color rosa
corriendo una mascarada!
Como adivino un deseo
de burla, en tu voz y tienes
la gracia del discreteo,

me disfrazaré de Orfeo
para domar tus desdenes.
¿Qué es esa melancolía
que a conturbar así llega
el alma de tu alegría?...
¡Bien haya la bizarría
del gesto que te doblega!
¡Ensueño de marmitones,
triste y loca fregatriz
que, por breves ilusiones,
abandona sus fogones
en traje de emperatriz!
Por la gloria de la gracia
de tu altivez de heroína
de tan bella aristocracia,
ha claudicado la acracia
del changador de la esquina.
Modista, pobre tendera,
o esclava del obrador:
vestida de primavera,
ya rendirás al hortera,
tenorio de mostrador.
Flor que aroma el delincuente
búcaro del cafetín,
loca máscara insolente
que aguarda lista, impaciente,
su gallardo bailarín.
Ebrio de amor y de vino,
sensual donaire guarango
lucirá tu cuerpo fino,
esta noche en el Casino
cuando te entusiasme el tango.
Muchacha conventillera

que, en apuros maternales,
pasaste la noche entera
arreglando esa pollera,
honra y prez de los percales.
Ya, despertando las ganas
de otras de la vecindad,
irás con tus dos hermanas,
Terpsícores suburbanas,
a un baile de sociedad...
Mascarita... viejecita,
¡en qué deslumbrantes fugas
va tu añoranza bendita!...
¡Viejecita, mascarita
de caretas con arrugas!...
...Colombina, ¿qué se hicieron
tus risas de cascabel?
¡Ah!, desde que se perdieron,
lo saben quienes te oyeron,
quedó inconcluso un rondel...
¡Venga la flauta divina
de tu risa de cristal!...
¡Colombina, Colombina:
allá va una serpentina
continuando el madrigal!

El alma del suburbio

El gringo musicante ya desafina
en la suave habanera provocadora,
cuando se anuncia a voces, desde la esquina
«el boletín —famoso— de última hora».
Entre la algarabía del conventillo,
esquivando empujones pasa ligero,
pues trae noticias, uno que otro chiquillo
divulgando las nuevas del pregonero.
En medio de la rueda de los marchantes,
el heraldo gangoso vende sus hojas...
donde sangran los sueltos espeluznantes
de las acostumbradas crónicas rojas.
Las comadres del barrio, juntas, comentan
y hacen filosofía sobre el destino...
mientras los testarudos hombres intentan
defender al amante que fue asesino.
La cantina desborda de parroquianos,
y como las trucadas van empezarse,
la mugrienta baraja cruje en las manos
que dejaron las copas que han de jugarse.
Contestando las muchas insinuaciones
de los del grupo, el héroe del homicidio
de que fueron culpables las elecciones,
narra sus aventuras en el presidio.
En la calle, la buena gente derrocha
sus guarangos decires más lisonjeros,
porque al compás de un tango, que es «La Morocha»
lucen ágiles cortes dos orilleros.
La tísica de enfrente, que salió al ruido,
tiene toda la dulce melancolía

de aquel verso olvidado, pero querido,
que un payador galante le cantó un día.
La mujer del obrero, sucia y cansada,
remendando la ropa de su muchacho,
piensa, como otras veces, desconsolada,
que tal vez el marido vendrá borracho.
...Suenan las diez. No se oye ni un solo grito;
se apagaron las velas en las bohardillas,
y el barrio entero duerme como un bendito
sin negras opresiones de pesadillas.
Devuelven las oscuras calles desiertas
el taconeo tardo de las paseantes;
y dan la sinfonía de las alertas
en su ronda obligada los vigilantes.
Bohemios de rebeldes crías sarnosas,
ladran algunos perros sus serenatas,
que escuchan, tranquilas y desdeñosas,
desde su inaccesible balcón las gatas.
Soñoliento, con cara de taciturno
cruzando lentamente los arrabales,
allí va el gringo... ¡pobre Chopin nocturno
de las costureritas sentimentales!
¡Allá va el gringo! ¡Como bestia paciente
que uncida a un viejo carro de la Armonía
arrastrase en silencio, pesadamente,
el alma del suburbio, ruda y sombría!

La viejecita

Sobre la acera, que el Sol escalda,
doblado el cuerpo —la cruz obliga—
lomo imposible, que es una espalda
desprecio y sobra de la fatiga,
pasa la vieja, la inconsolable,
la que es apenas un desperdicio
del infortunio, la lamentable,
carne cansada de sacrificio.
La viejecita, la que se siente
un sedimento de la materia,
desecho inútil, salmo doliente
del Evangelio de la Miseria.
Luz de pesares, propios o ajenos,
sobre la pena de su faz mustia
dejan estigmas, de dolor llenos,
entristeciendo su misma angustia;
su misma angustia que ha compartido,
como el mendrugo que no la sacia,
con esa niña que ha recogido,
retoño de otros, en su desgracia.
Esa pequeña que va a su lado,
la que mañana será su apoyo,
flor del suburbio desconsolado,
lirio de anemia que dio el arroyo.
Vida sin lucha, ya prisionera,
pichón de un nido que no fue eterno.
¡Sonriente rayo de primavera
sobre la nieve de aquel invierno!
Radiación rubia de luz que arde
como un Sol nuevo frente a un ocaso,

triste promesa, mujer más tarde
linda y deseada que será, acaso,
la Inés vencida, la dulce monja
de los tenorios de la taberna,
cuando el encanto de la lisonja
le dé su frase nefanda y tierna.
—Ritual vedado de sensaciones
trágicos sueños, fiebres aciagas,
hostias de vicios y tentaciones
de las alegres jóvenes magas...
¡Qué de heroínas, pobres y oscuras
en estos dramas! ¡Cuántas Ofelias!
Los arrabales tienen sus puras
tísicas Damas de las Camelias .
Por eso sufre, la mendicante,
como una idea terrible y fija
que no ha empañado su amor radiante
por esa hija que no es su hija.
Mas sus bellezas de renunciada
jamás del crudo dolor la eximen...
¡sin haber sido, siquiera, amada
se siente madre de los que gimen!
Madre haraposa, madre desnuda,
manto de amores de barrio bajo:
¡es una amarga protesta muda
esa devota de San Andrajo,
que conociese solo los besos
de rudos fríos en los portales;
como descanso para sus huesos
solo le dieron los hospitales!
Jirón humano que siempre flota
sobre sus ansias indefinibles,
bondad enferma que no se agota

ni en las miserias irredimibles,
que la torturan, sin un olvido
para sus lacras, para su suerte;
con la certeza de haber vivido
¡como un despojo para la muerte!
Por eso, a veces, tiene amarguras,
tiene amarguras de derrotada,
que se traducen en frases duras
y dan en llanto de resignada;
pues nunca supo la miserable,
de amor alguno, grande o pequeño,
que la alentara, no le fue dable
sobre la vida soñar un sueño.
La dominaron los sinsabores
que la flagelan como a inocente:
¡en la vendimia de los amores
fue desgranado racimo ausente!
Fue la azucena sobre el pantano,
flor de desdichas; a libertarla
no vino nadie, no hubo una mano
que se tendiese para arrancarla.
Sin transiciones, siempre vencida,
ni en el principio de su mal mismo
tuvo las glorias de la caída:
Su primer cuna ya era el abismo.
Bajo un hastío que no deseara,
pasó su noche sin una aurora
sin que en la vida la conturbara
ni una impaciencia de pecadora.
Y así, ha guardado con sus pesares
como un reproche, que se refleja
en las arrugas, sus azahares
de nunca novia, de virgen vieja.

Los años muertos solo dejaron
esa agonía que no la mata.
¡Jamás a ella la aprisionaron,
como entre flores, rejas de plata!
Forjó ilusiones, y las más leves
la sepultaron como en escombros;
sobre su testa cayeron nieves
y honras de harapos sobre sus hombros.
Porque fue buena, dio en la locura
de cubrir todas sus cicatrices:
puso los besos de su ternura
en sus hermanos, los infelices.
Por eso, a veces, tiene su duelo
en los cansados ojos sin brillo,
llantos que caen como un consuelo
sobre las llagas del conventillo.
Carne que azotan todos los males,
burla sangrienta de los muchachos,
dádiva y sobra de los portales,
mancha de vino de las borrachos:
Ahí va la vieja, como una hiriente
fórmula ruda de una ironía:
llena de sombras en la esplendente,
en la serena gloria del día.
Tal vez alguna visión extraña
ha conmovido su indiferencia,
pues ha cruzado triste y huraña
como una imagen de la demencia.
¡Y allá —sombría, y adusto el ceño
obsesionada por las crueldades—
va taciturna, como un ensueño
que derrotaron las realidades!

El guapo

A la memoria de San Juan Moreira
Muy devotamente

El barrio le admira. Cultor del coraje,
conquistó, a la larga, renombre de osado;
se impuso en cien riñas entre el compadraje
y de las prisiones salió consagrado.
Conoce sus triunfos y ni aun le inquieta
la gloria de otros, de muchos temida,
pues todo el Palermo de acción le respeta
y acata su fama, jamás desmentida.
Le cruzan el rostro, de estigmas violentos,
hondas cicatrices, y quizás le halaga
llevar imborrables adornos sangrientos:
caprichos de hembra que tuvo la daga.
La esquina o el patio, de alegres reuniones,
le oye contar hechos, que nadie le niega:
¡con una guitarra de altivas canciones
él es Juan Moreira, y él es Santos Vega!
Con ese sombrero que inclinó a los ojos,
¡con una guitarra de altivas canciones
cantando aventuras, de relatos rojos,
parece un poeta que fuese bandido!
Las mozas más lindas del baile orillero
para él no se muestran esquivas y hurañas,
tal vez orgullosas de ese compañero
que tiene aureolas de amores y hazañas.
Nada se le importa de la envidia ajena,
ni que el rival pueda tenderle algún lazo:
no es un enemigo que valga la pena...

pues ya una vez lo hizo ca...er de un hachazo.
Gente de avería, que guardan crueles
brutales recuerdos en los costurones
que dejara el tajo, sumisos y fieles
le siguen y adulan imberbes matones.
Aunque le ocasiona muchos malos ratos,
en las elecciones es un caudillejo
que por el buen nombre de los candidatos
en los peores trances expone el pellejo...
Pronto a la pelea —pasión del cuchillo
que ilustra las manos por él mutiladas—,
su pieza, amenaza de algún conventillo,
es una academia de ágiles visteadas.
Porque en sus impulsos de alma pendenciera
desprecia el peligro sereno y bizarro,
¡para él la vida no vale siquiera
la sola pitada de un triste cigarro!...
...Y allá va pasando con aire altanero,
luciendo las prendas de su gallardía,
procaz e insolente como un mosquetero
que tiene en su guardia la chusma bravía.

Detrás del mostrador

Ayer la vi, al pasar, en la taberna,
detrás del mostrador, como una estatua...
Vaso de carne juvenil que atrae
a los borrachos con su hermosa cara.
Azucena regada con ajenjo,
surgida en el ambiente de la crápula,
florece como muchas en el vicio
perfumado ese búcaro de miasmas.
¡Canción de esclavitud! Belleza triste
belleza de hospital ya disecada
quién sabe por qué mano que la empuja
casi siempre hasta el sitio de la infamia...
Y pasa sin dolor así inconsciente
su vida material de carne esclava:
¡copa de invitaciones y de olvido
sobre el hastiado bebedor volcada!

El amasijo

Dejó de castigarla, por fin cansado
de repetir el diario brutal ultraje,
que habrá de contar luego, felicitado,
en la rueda insolente del compadraje.
—Hoy, como ayer, la causa del amasijo
es, acaso, la misma que le obligara
hace poco, a imponerse con un barbijo
que enrojeció un recuerdo sobre la cara—.
Y se alejó escupiendo, rudo, insultante,
los vocablos más torpes del caló hediondo
que como una asquerosa náusea incesante
vomita la cloaca del bajo fondo.
En el cafetín crece la algarabía,
pues se está discutiendo lo sucedido,
y, contestando a todos, alguien porfía
que ese derecho tiene solo el marido...
Y en tanto que la pobre golpeada intenta
ocultar su sombría vergüenza huraña,
oye, desde su cuarto, que se comenta
como siempre en risueño coro la hazaña.
Y se cura llorando los moretones
—lacras de dolor sobre su cuerpo enclenque...—
¡que para eso tiene resignaciones
el animal que agoniza bajo el rebenque!
Mientras escucha sola, desesperada,
cómo gritan las otras... rudas y tercas,
gozando de su bochorno de castigada,
¡burlas tan de sus bocas!... ¡burlas tan puercas!...

En el barrio

Ya los de la casa se están acercando
al rincón del patio que adorna la parra,
y el cantor del barrio se sienta, templando,
con mano nerviosa la dulce guitarra.
La misma guitarra, que aún lleva en el cuello
la marca indeleble, la marca salvaje
de aquel despechado que soñó el degüello
del rival dichoso tajeando el cordaje.
Y viene la trova: rimada misiva,
en décimas largas, de amable fiereza,
que escucha insensible la despreciativa
moza, que no quiere salir de la pieza...
La trova que historia sombrías pasiones
de alcohol y de sangre, castigos crueles,
agravios mortales de los corazones
y muertes violentas de novias infieles...
Sobre el rostro adusto tiene el guitarrero
viejas cicatrices de cárdeno brillo,
en el pecho un hosco rencor pendenciero
y en los negros ojos la luz del cuchillo.
Y muestra, insolente, pues se va exaltando,
su bestial cinismo de alma atravesada:
¡Palermo, le ha oído quejarse, cantando
celos que preceden a la puñalada!
Y no es para el «otro» su constante enojo...
¡A ese desgraciado que a golpes maneja,
le hace el mismo caso, por bruto y por flojo,
que al «pucho» que olvida detrás de lo oreja!
¡Pues tiene unas ganas su altivez airada
de concluir con todas las habladurías!...

¡Tan capaz se siente de hacer una hombrada
de la que hable el barrio tres o cuatro días!...
...Y con la rudeza de un gesto rimado,
la canción que dice la pena del mozo
termina en un ronco lamento angustiado,
¡como una amenaza que acaba en sollozo!

De la aldea

Regresan de la era. Se oyen cercanas
las fuertes risotadas y las canciones
con que animan la vuelta los mocetones
que siguen, desde lejos, a las aldeanas.
Ya, detrás de las rejas de las ventanas,
estudian las muchachas contestaciones,
para dar a las tímidas declaraciones
que de rústicos labios salen galanas.
Como van a concluirse las romerías,
crecen las estruendosas algarabías...
Y, halagando a una novia provocadora,
pasa diciendo un mozo de porte fiero,
al son de la guitarra conquistadora,
las postreras hazañas de un bandolero.

Residuo de fábrica

Hoy ha tosido mucho. Van dos noches
que no puede dormir; noches fatales,
en esa oscura pieza donde pasa
sus más amargos días, sin quejarse.
El taller la enfermó, y así, vencida
en plena juventud, quizá no sabe
de una hermosa esperanza que acaricie
sus largos sufrimientos de incurable.
Abandonada siempre, son sus horas
como su enfermedad: interminables.
Solo a ratos, el padre, se le acerca
cuando llega borracho, por la tarde...
Pero es para decirle lo de siempre,
el invariable insulto, el mismo ultraje:
¡le reprocha el dinero que le cuesta
y la llama haragana, el miserable!
Ha tosido de nuevo. El hermanito
que a veces en la pieza se distrae
jugando, sin hablarla, se ha quedado
de pronto serio como si pensase...
Después se ha levantado, y bruscamente
se ha ido murmurando al alejarse,
con algo de pesar y mucho de asco:
—que la puerca, otra vez escupe sangre...

La queja

Como otras veces cuando la angustia
le finge graves cosas hurañas;
la infeliz dijo, después que el rojo
vómito tibio mojó la almohada,
las mismas quejas de febriciente,
las mismas quejas entrecortadas
por el delirio, las que ella arroja
como un detritus de la garganta.
Bajo el recuerdo remoto y vivo,
jornadas rudas de su desgracia,
rápidos cruzan por la memoria
sus desconsuelos de amargurada:
desde el sombrío taller primero
que vio su carne cuando era sana
hasta la hora de la caída
de la que nunca se levantara.
Porque era linda, joven y alegre
ascendió toda la suave escala:
supo del fino vaso elegante
que vuelca las flores en la cloaca.
Porque a su abismo lo creyó cumbre,
leves mareos de la esperanza
quizá embriagaron sus realidades
puesto que huyeron sin inquietarla;
y la salvaron de los hastíos
que levemente la desolaran,
como poemas sentimentales,
largos idilios de cortesana.
Después... terrible, llegó el descenso,
y hubo agonías de lucha infausta:

el tren lujoso, los bares de moda,
—últimas glorias de consagrada—
ya no volvieron a mecer tiernas
ensoñaciones interminadas,
ya no volvieron ansias ocultas
de las novelas de fe romántica,
ni a obsedar, tristes, sus aventuras
las heroínas que ella imitara,
pues, desde entonces, casi insensible,
vivió la vida de una de tantas...
y enamoróse de un orillero,
por un capricho, porque ostentaba,
como un orgullo jamás vencido,
adorno y premio de sus audacias,
una imborrable cicatriz honda
sobre su rostro: cartel de cara,
brutal nobleza, blasón sangriento
que con fiero arte grabó la daga.
La vio el suburbio pasar risueña,
porque en sus horas inconfesadas
de peregrina de los burdeles
fue la devota que amó las llagas;
y a su belleza rindió homenaje
la inmunda jerga que deshojaba
en delictuosas galanterías
rosas obscenas para sus gracias;
la jerga inmunda, que en madrigales
volvió la torpe frase guaranga
de los celosos apasionados,
que bravamente, como ofrendadas
invitaciones de amor, lucían
vivos claveles en la solapa,
largos reproches en sus cantares

y torvas iras en las miradas...
sus caballeros... esos a quienes
por su coraje, la roja heráldica
de las pendencias y las prisiones
dio pergaminos de aristocracia.
Más tarde el otro... Las exigencias,
las tiranías de aquel canalla
que ella mantuvo, las indecibles
horas de eterna mujer golpeada;
siempre el azote como caricia
sobre sus lomos que soportaron
sin rebeliones de carne esclava:
¡lomos de pobre bestia sufrida,
de pobre bestia ya reventada!
Y aquella noche, ¡noche tremenda!
en que sintiendo la horrible náusea
del primer vómito, que arrancó el golpe
del bruto infame, loca de rabia,
embravecida, con todo su asco
le escupió al rostro su sangre insana...
Y otra vez, y otra; feroz recuerdo
del miserable, lleva la marca,
lleva el estigma que dejó el tajo
con que, al marcharse, le abrió la cara.
Después, enferma... Los sufrimientos,
las mentirosas voces de lástima
o los insultos jamás velados:
¡la vida puerca, la vida mala!
Perdió en el lecho sus atractivos,
Y así, destruida la antigua gracia,
ya no hubo triunfos, pues los deseos
para saciarse la hallaron flaca...
Por eso a solas, hoy, en el cuarto

donde se muere, donde le arranca
hondos gemidos la tos violenta,
la tos maldita que la desangra,
bajo la fiebre que la consume
tiene rencores de sublevada,
¡tiene unas cosas!... ¡Oh, si pudiera
con los pulmones echar el alma!
Por eso grita su queja inútil
de inconsolable, la queja aciaga,
inofensiva, porque en su boca,
son estertores de amordazada,
las frases duras que va arrojando
como un detritus de la garganta
llena de angustias, al mismo tiempo
que los pedazos de sus entrañas.

La guitarra

Porque en las partituras de su garganta
ella orquesta la risa con el lamento,
porque encierra una musa que todo canta,
es la polifonista del sentimiento.
Por la prima aflautada vuelan las aves
de las notas chispeantes y juguetonas,
y, poblando el ambiente de voces graves,
braman las roncas iras en las bordonas.
Arco de mil envíos. Carcaj de amores,
hacen sus flechas raudas líricas presas,
así como, en la pauta de los rencores,
suele rugir el pueblo sus marsellesas.
Ella lauda en su solfa los caballeros
del valor o del arte, y aun hay un gajo
de laurel para todos los cancioneros
de la fértil Provenza del barrio bajo.
Por eso elogia siempre los más sensibles
finos ensueños, como también halaga
los audaces pasiones irresistibles
de los fieros Tenorios de poncho y daga.
La luz de un viejo idilio, como aureola,
Que ciñe su cordaje, quizás le llega
desde el fondo de un rancho: que aunque española
conoció el amor gaucho de Santos Vega.
Bajo el alero en ruinas, contando duras
malas correspondencias a sus deseos,
con la magia vibrante de sus ternuras
cautivan a las mozas criollos Orfeos.
Ella inspira en el baile las alabanzas
de floridos requiebros y relaciones,

o las citas fugaces en las mudanzas
de los tristes cielitos y pericones.
O, a los lentos acordes provocativos,
en su seno se agitan las habaneras,
que, libertando locos besos cautivos,
se desmayan sensuales en las caderas.
Órganos y clarines, sus voces finas
suenan, cuando en el rojo de sus vergeles
florece la amargura de las espinas
y sangra la epopeya de los laureles.
A sus cordiales sones apasionados
en las noches alegres de serenatas;
envían los galanes desconsolados
sus doloridas quejas a las ingratas...
Por sus historias pasan, como un gemido
que presagiase largos, fatales duelos,
las románticas cuitas del pecho herido,
o las rojas venganzas de los Otelos.
Cuando la pulsan toscas manos brutales,
ella tiene temores de sensitiva,
como bajo opresiones espirituales
insinúa caprichos de novia esquiva.
—Melodiosos mensajes de las constancias—
se mecen las memorias en sus cadencias,
y desde el infinito de las distancias
vienen los «no me olvides» a las ausencias.
Ofrenda generosa de un dulce instante
que llenase la caja de ritmos ledos,
en las cuerdas sonoras puso una amante
el beso, que, aun borrado, quema los dedos.
Calandrias fugitivas que van pasando,
de tiempos de leyenda vivo trasunto,
por ella todavía cruzan vagando

los derroches de ingenio del contrapunto.
Modulando responsos conmovedores,
en la exaltación honda de su noble estro,
dice las odiseas de payadores
que murieron cantando como el Maestro.
En las manos del majo su gracia encela
el alma de la chulas —sangre bravía—
y en su carmen de amores, vino y canela,
¡revientan los claveles de Andalucía!
Castañuelas, jaleos, ricos mantones,
manolas, bizarrías, rosas bordadas...
¡Se perfuman las sedas de sus canciones
en el patio de aromas de las Granadas!
Corona los aplausos que lo merecen
las ágiles hazañas de los toreros,
o sobre algún sombrío cuento aparecen
evocadas visiones de bandoleros.
Vive en los Escoriales de los blasones,
o en las Trianas flamencas de las Sevillas
¡y ya es una marquesa de áureos salones,
ya la pobre muchacha de las bohardillas!
Por eso, luce orgullos de aristocracia
en la altivez de regios rasos triunfales,
como también se llena de humilde gracia
en la coquetería de los percales.
A sus cálidos ritmos, de suaves tonos,
en su hamaca de nervios y fantasía,
mecen provocadoras sus abandonos
las seis líricas damas de la Armonía.
Es la polifonista del sentimiento;
es la de los dolores y los placeres:
¡la que orquesta la risa con el lamento,
la que canta aleluyas y misereres!

Los perros del barrio

Ya llegan cansados en rondas hambrientas
a husmear trozos entre los residuos:
caridad de afables cristianas sirvientas
que tienen por ellos cuidados asiduos.
La humildad que baja de sus lagrimales
se trueca en desplantes de ladridos fieros:
no en vano regresan de sucios portales
cumplida su ingrata misión de cerberos.
Espíritus sabios en sus devociones,
ladran sus blasfemias como ángeles malos,
pero en los oficios de las contriciones
los mueve a ser santos la unción de los palos.
Tal vez ellos mismos, en noches aciagas
son los milagreros geniales artistas,
de bíblicas lenguas, que curan las llagas
de anónimos Cristos sin evangelistas...
En las castas horas de amables ensueños,
son, regularmente, como nadie parcos
en el decir, pero se tornan risueños
cuando beben agua de Luna en los charcos.
Gozan la primicia de las confidencias
en los soliloquios de los criminales,
y, como sus dueños, buscan las pendencias
y aman los presidios y los hospitales.
De noche, consuelan la angustia infinita
de los incurables que en los conventillos,
dulcemente lloran a la Margarita
que muere en las teclas de los organillos.
Puntuales consignas, jamás olvidadas
con los que despiertan, fielmente severos,

a las obreritas, en las madrugadas
que anuncian las dianas de los gallineros.
Se entristecen cuando la mujer insulta
—... a ese sinvergüenza que aun no ha venido...
Y en su compañía descubren la oculta
lejana cantina donde está el marido.
Final de la ofensa nunca perdonada,
rencor de los héroes de almas agresivas,
gustan la belleza de la puñalada
que alcanza a las locas muchachas esquivas.
Crías corajudas, de castigo eximen
a las delincuentes famas orilleras,
si es que se discute la causa del crimen
que apasionó al barrio semanas enteras...
Ponen sus rabiosas babas en los cuentos
de las enredistas brujas habladoras,
y asisten en días de arrepentimientos
a las confesiones de las pecadoras.
Luctuosos de mugre van a los velorios
donde, haciendo cruces, arañan las puertas
y, muy compasivos, gruñen responsorios
y recitan Salves por las novias muertas.
Hallan escondrijos de cosas guardadas,
y cautos, divulgan en el vecindario
fórmulas secretas de alquimias, robadas
al hosco silencio de algún visionario.
Con mucho sigilo, ferozmente, serios
en el amplio, oscuro templo de la acera
celebran sus ritos de foscos misterios,
aullando exorcismos contra la perrera.
Custodian el acto, de extrañas figuras,
los insospechados de infames traiciones;
hay autoritarias torvas cataduras

de perros caudillos y perros matones.
Uno, sobre todo, terror de valientes,
jamás derrotado volvió a la covacha:
¡quizás Juan Moreira le puso en los dientes
su daga de guapo sin miedo y sin tacha!
Y hay otro, apacible, gentilmente culto,
de finos modales, ingenioso y diestro
en estratagemas de escurrir el bulto,
y a quien los noveles le llaman Maestro.
Y hay otro, que, cuando la fiesta termina
hablando a los fieles con raro lenguaje
parece un apóstol de gleba canina
que dice a las gentes su Verbo salvaje.
Y otro, primer premio de anuales concursos
y que, en saber, ante ninguno se agacha,
es una promesa que sigue los cursos
de las academias de un perro Vizcacha .
Y otro, que en su orgullo se llama nietzscheano,
siempre maculado de filosofías,
en cien bellas frases, de credo inhumano,
expone a la horda tremendas teorías...
Y otro, que con aire de doncel apuesto
finge repulsiones hablando de gracia,
cuidando la forma de su noble gesto
impone el buen gusto de su aristocracia.
Y el otro, que el domingo va a las conferencias,
donde dragonea ya de libertario,
afirma que toda clase de violencias
es en estos días un mal necesario.
Y otro, patriotero, bravo y talentoso,
—nació en Entre Ríos— elogiando el suelo
de su cuna, agrega, que en tiempo glorioso
fue hermano en Calandria, y hermano en mi abuelo.

Y otro, de impecada frescura de asceta,
que a veces fulmina no sé qué amenaza,
es el escuchado tonante profeta
que augura el destino mejor de la Raza.
Y algunos, que acaso fueran ovejeros
en las mocedades de sus correrías,
relatan historias de gauchos matreros
con quienes pelearon a las policías.
Y otros, caballeros que leen Don Quijote
y ya han recibido más de una pedrea,
casi pontifican que siempre el azote
ha sido recurso de toda ralea...
Y otros, familiares reliquias vivientes
que atiende el Estado, sarnosos y viejos
mas con su prestigio de bocas sin dientes,
inician a varios que piden consejos.
...Y ahí están. De pronto vuelven, todos juntos,
a narrarse, en orden, sus melancolías:
pregunta y respuesta, como en contrapuntos
de fúnebres salmos que son letanías.
¡Parece que el alma de los payadores
hubiese pasado por sobre la tropa,
y que, frente a graves jueces gruñidores,
está Santos Vega y está Juan sin Ropa!
...¿Qué será ese inquieto pavor tumultuario
que desde la sombra llega, a la sordina?
¡Cómo si rezasen lúgubres rosarios,
de hostiles rumores se puebla la esquina!
Se van galopando... ¿Por qué habrán huido?
...¡Qué sola ha quedado la calle! ¡Qué honda
la pena del ronco furor del aullido!
¿No sientes, hermano? Se aleja la ronda...

Ritos en la sombra

Los lobos

Una noche de invierno, tan cruda
que se fue del portal la Miseria,
y en sus camas de los hospitales
lloraron al hijo las madres enfermas,
con el frío del Mal en el alma
y el ardor del ajenjo en las venas,
tras un hosco silencio de angustias,
un pobre borracho cantó en la taberna:
—Compañero: no salgas, presiento
algo raro y hostil en la acera.
...La invadieron aullando los lobos...
Asómate, hermano. ¡La calle está llena!
Son los mismos que espían tu paso
en la sombra sin fin de su senda,
los que en sórdidas tropas se anuncian
y en horas terribles arañan la puerta...
...¿Que no entiendes? ¿No tiembla tu prole
al salvaje ulular de las bestias?...
¿Nunca vio la Desgracia? ¿Fue siempre
la entraña sin hambre, la entraña repleta?
...Continúan aullando, ¿no oíste?
Ritornelo feroz que resuena
como un lúgubre grito flotando
por sobre la cuna que mece la anemia.
¡Y son todos! No falta ninguno;
y la noche no pasa: es eterna.
El Dolor es invierno; te cubre:
no aguardes ni sueñes jamás primaveras.
El olvido está lejos; no viene
a dejar junto a ti su promesa,

su promesa de muerte, ¡la Madre,
a veces tan mala y a veces tan buena!
Nunca nadie sabrá de la mano
que pusiese en tus ojos la venda,
con la cual has caído tan hondo
que aquellos que quieren mirarte se ciegan.
En tu anónimo abismo te agitas
sin desear un regreso, en la inquieta
sensación del inmenso desplome
que arrastra consigo tus dudas tremendas.
Sin embargo, quizás te azotaran,
en la calma de tu indiferencia,
—flageladas visiones de ensueño—
posibles terrores de locas tormentas
En el fondo temible de tu alma
anda suelto un espanto de fiera:
¡Qué curioso sería asomarse
a ver si ella tiene también sus violencias!
...¿No los ves? ¡Cómo asustan sus ojos,
sus inmóviles ojos que velan
en las noches infaustas, propicias
al hórrido asedio clavado allí, afuera,
cuando el Miedo desata sus hordas
y las llagas del Crimen revientan,
si, con ruda caricia indeleble,
las toca una mano brutal que no tiembla!
¡Y tú sigues lo mismo! Diría
que en tus sueños mejores tuvieras
pesadillas de murrias de plomo,
letales desganos de fiebres ya viejas...
Sin querer en tu ruta inquietante
presentir, ni un momento siquiera,
la amenaza mortal de un perenne

furor sigiloso de fauces que acechan...
...No te rías... Ya vuelven de nuevo
a rondar al amor de la niebla;
las famélicas bocas enormes
parece que llaman, imploran y esperan.
Cubren toda la calle; bravíos,
van marcando en la nieve sus huellas,
como estigmas de atroces presagios,
y, sórdidamente cansados, jadean.
¿Quién los trae? No sé. ¿Quién los llama?
¿Por qué huyeron, dejando sus selvas?...
Son tropeles que azuza el peligro
y vienen de lejos como una inclemencia...
¿Mas, qué buscan? Los lomos hirsutos
estremecen sus rabias sangrientas;
en un torpe rencor incesante
tal vez una vida sus garras laceran.
¿Mujer... hijos? No quiero acordarme.
¿Están ellos aquí?... No te duermas...
¿Han aullado otra vez, o es el viento?
Los dos se han unido y aguardan la presa.
¡Yo los siento volver: son las mismos,
los conozco, los monstruos que llegan:
de mis largas vigilias guardianes
y junto a mi lecho fatal, centinelas!
...Sus tentáculos hieren mi entraña...
Mira, hermano, la noche ¡cuán negra!
Se creyera que pasa la vida
Envuelta en un torvo jirón de tinieblas.
¿Cómo cae la nieve, en la calle
sin un rayo de luz? ¡Qué tristeza!
Si pudiese pensar, pensaría
que dentro del alma me cabe una estepa...

¡Oh, mi sangre sin Sol, mis pasiones,
mis oscuras heridas inciertas
que en el borde filoso del vaso
a todos los filtros del Odio se abrieran!
...Ven, acércate más. No te turbes
y verás en la noche agorera
cómo sobre la fúnebre ronda
medita el Ensueño, con cara de pena...
¿Quién se ha puesto a reír? ¡Compañero:
se han mezclado a los lobos las hienas!...
¡El Silencio descubre su esfinge
y, aullando, los monstruos avanzan a tientas!...
...Hubo un ronco gemido en la sombra,
se halló solo el borracho en la tienda
y por eso la loca, la extraña
mitad de aquel canto, quedó en la botella.

Imágenes del pecado

Enfermizas plenitudes
	de emociones amatorias,
modernismo de lo Raro,
	de embriagueces ilusorias,
que disfrazan las crudezas de sus credos materiales,
como fórmulas severas
	de blasones impolutos,
	que, discretos, disimulan
	los salvajes atributos,
las paganas desnudeces de las fuerzas germinales.
Rosa-estigma que en los labios
	han dejado los orfebres
de la Ardencia. Bestias malas
	de lascivias y de fiebres,
que no doman los actuales filosóficos Orfeos,
acechando por las noches
	los oficios sigilosos...
por las noches consteladas
	de los besos milagrosos
que deshacen en las bocas el rubí de los deseos...
Predilecta medianoche
	vagamente ensoñativa,
que ha exhumado un bello libro
	de lectura sugestiva,
de encubiertas entrelíneas de extravíos irreales...
¡Oh, curiosa, febriciente
	cabecita conturbada,
que en los tibios abandonos
	delatados en la almohada
se fecunda de las sabias poluciones cerebrales!

¡Oh, cuán negros los hastíos
   de las púberes sensuales!
—¡Oh, cuán largas las esperas
   de los pálidos nupciales,
en los ratos aburridos de cloróticas visiones...
cuando creen que las abejas
   evocadas vendrán, fieles,
a traerles, compasivas,
   con sus vinos y sus mieles,
las cantáridas nocturnas de las fuertes obsesiones!...
Voz fatal que en los gentiles
   Evangelios de Afrodita,
   al cenáculo vedado
   de su roja mesa invita.
¡Oh, furtivas comuniones en los cultos que revelan
el peligro imaginable
   de las hostias consagradas
donde, lívidas, se ocultan
   las cabezas desmayadas
de los duendes cautelosos que en la extraña misa velan!...
Neurasténica enclaustrada
   cuyos lirios de pureza
ha violado sin esfuerzo
   la triunfal Naturaleza:
Esa siempre parturienta, santamente dolorida.
—Fue la hora en que cayeron
   deshojados los claveles,
que, al sangrar las castidades
   en los tálamos crueles
los augurios se regaron con los filtros de la Vida—.
Virgen mística de celda,
   brasa blonda de incensario,
fiel ritual de oscurantismo,

      fría imagen de santuario,
por la fe de su locura tonsurada contra el Vicio,
que ha sentido en los insomnios
      conmover su paz austera
un satánico deseo
      de su sangre de soltera,
de su palma que claudica del inútil sacrificio.
Delicada sensitiva
      en los cálidos antojos
que se burla de la ausencia
      de la luz de los sonrojos...
Que exaltando sus caprichos —¡los diabólicos, los tiernos!...
al Cantar de los Cantares,
      siempre nuevo en sus caricias,
sabe ungir de la gloriosa
      caridad de sus delicias
a las vértebras que sufren el horror de los inviernos.
Favorita de Nirvana,
      de los vinos superfinos,
espasmódica del éter,
      que ilustró los pergaminos
de la nueva aristocracia del hachís y la morfina:
Ofertorio inconfesable
      de exquisita delincuencia
generosa, sorprendente,
      bien gustada quintaesencia
de ilusión por el pecado de la copa clandestina...
Pubertad de conventillo
      que, en su génesis, halaga
la teoría lamentable
      del harapo y de la llaga,
silenciando la inconsciente repulsión a lo maldito...

Alentadas bizarrías
      de muchacha sensiblera,
que presume ingenuamente
      de Manón arrabalera,
suavemente flagelada por las sedas del Delito.
Cortesana de suburbio,
      que se sabe mustia y vieja
y olvidar quiere los hondos
      desconsuelos de su queja,
palpitante, en su derrota, por la última aventura,
que, al cruzar los barrios bajos
      en la tarde de la cita,
va creyendo ser la triste,
      la incurable Margarita
que abandona con la muerte su romántica locura.
Torturada visión breve
      del amor de una heroína
del prostíbulo y la cárcel:
      roja flor de guillotina,
que ha soñado con un novio que la finge una azucena:
con un blondo Nazareno
      que la mueve a inevitable
santa senda arrepentida,
      —de intuición insospechable—
a seguir su religiosa vocación de Magdalena.
Bella trágica historiada,
      Salomé del histerismo,
portadora de extrañezas
      del país del exotismo,
iniciada en el secreto de las cláusulas suicidas,
que, en sus largas devociones
      por las fiestas misteriosas,
por las torpes confidencias

      y las pautas tenebrosas,
comulgó con los maestros de las músicas prohibidas.
¡Oh, las pascuas de las carnes
      bondadosas, que florecen
por aquellas que concluyen...
      por aquellas que envejecen!
¡Oh, los siete ángeles malos! ¡Oh, los ángeles propicios
al exvoto de las manos
      sabiamente extenuativas,
que degüellan las palomas
      de las blancas rogativas,
en las vísperas sangrientas de los negros sacrificios!

En la noche

Vencía la sombra. Misterio, llegando,
rimaba la angustia de sus misereres,
mojando, en el suelo, los frutos de Ceres,
la Maga del germen que lucha creando.
Muy suave, el Deseo pasaba contando
las cálidas noches de extraños placeres,
diciendo los sueños de frescas mujeres
que en torpes neurosis se fueron matando...
Su copa de sangre volcaba en las brumas.
Ocaso muy triste, bordeando de heridas
el cielo, llagado de rojas espumas,
y allá, en una oscura visión de tugurio,
con voz de esperanza, cubriendo las vidas
cantaba un apóstol su bárbaro augurio...

Murria

Con un blando rezongo soñoliento
el perro se amodorra de pereza,
y por sus fauces el esplín bosteza
la plenitud de un largo aburrimiento.
En la bruma de mi hosco abatimiento
como un ratón enorme de tristeza
me roe tenazmente la cabeza,
forjándole una cueva al desaliento.
Lleno de hastío, al mirador me asomo:
Un cielo gris con pesadez de plomo
vuelca su lasitud sobre las cosas...
Y porque estoy así, fatal, envidio
y deseo las dichas bulliciosas,
las ansias de vivir... ¡Ah, qué fastidio!

Visiones del crepúsculo

Ya la tarde libra el combate postrero
en las flechas de oro que lanza al acaso,
y se va —como un príncipe, caballero
en el rojo corcel del Ocaso—.
Se ahonda el misterio de las lejanías,
misterio sombreado de tinte mortuorio,
y el barrio se puebla de las letanías
que llegan del negro, cercano velorio.
Empieza a caer la nieve... Dulcemente,
un rumor de canciones resuena
en el patio del conventillo de enfrente,
que, en ritmos alegres, oculta una pena...
Las mozas, dicen sus ansias juveniles...
—la salud se hizo canto en sus bocas,
como en una lira de cuerdas viriles
que guarda un deseo de imágenes locas.
Rayo de Sol sobre la escarcha: la mustia,
de inviolable sudario en el seno,
copa repleta del vino de la angustia
que infiltra en la sangre su sabio veneno—.
Finge en arabescos la nieve que baja
como una lluvia de blancos pesares,
una viejecita que hila su mortaja,
y una novia que arroja azahares.
Sobre una cabeza inquieta, entristecida,
yo la veo caer, como un beso
que absorbiese los rencores de una herida
y quedase en los bordes impreso.
Se desconsuela el barrio... Todos los males
salvajes resurgen aullando impaciencias

como presagios, que en las noches mortales
florecen las llagas de sordas dolencias...
Asómate a la ventana, hermano. Mira,
tras la niebla, espejismos extraños
de fiebres. Desde una frente que delira,
soltó la tristeza sus búhos huraños...
Rondan sugestiones en el pensamiento,
a todas las luchas del Crimen resueltas,
y el ambiente es propicio al presentimiento,
pues las bestias del mal andan sueltas.
...Me invade el miedo. Mi cerebro afiebrado
es un biógrafo horrible de cosas
fatídicas y raras de lo ignorado:
donde van a caer, silenciosas.
En la casa del tísico, que los fríos
llevaron al lecho, graznó una corneja:
la inspiración de los cuentos sombríos
que junto a la lumbre musita la vieja.
La huerfanita, en el desván ha cesado
de gemir, y, aunque nadie la asiste,
en su glacial abandono se ha quedado
obsedida del Sol, como triste
enferma que deseara un ardor eterno,
y, envuelta en su suave caliente pelliza,
tuviese en una noche cruda de invierno
un cálido sueño de tardes en Niza.
El mendicante se ha ido de la puerta...
Dice algo muy hosco su ceño fruncido,
como si algún dolor en su mano abierta
entre las limosnas hubiese caído.
El crónico del hospital, ya moribundo,
sospecha, insensible, la gran Triunfadora,
y como en neblinas ve pasar el mundo,

sonámbulo grave que aguarda la hora...
En su instante supremo la frente inclina,
como en su último adiós un bandido
que llorase al pie de la guillotina,
y se fuese después redimido.
¿Será el miedo, hermano? ¿No oyes cómo brama
el viento en la calle, tan sola y oscura?...
¡Si supieses! Anoche, junto a mi cama,
con muecas burlonas pasó la Locura.

En la sombra

Llegaba la noche con tono violento.
Llorando de miedo la tarde caía,
y en hondas y abiertas prisiones, se oía
correr desbocados los potros del viento.
Tomaba infinito contorno sangriento
el áspero traje que todo cubría.
«Misterio» en un símbolo negro reía,
mostrando en su risa terrible contento.
El Mal, desataba los monstruos del Vicio.
Marchaba un apóstol hacia el sacrificio...
cantando sus grandes, sus fuertes ideales,
sus fuertes ideales cantando muy quedo...
Y, allá, amenazada por sombras fatales,
la tarde caía llorando de miedo.

Reproche musical

Si te sientas como anoche junto al piano,
a mis ruegos insensible, taciturna:
fugitiva de aquel aire wagneriano
que tú sabes. Sí, cual trágica nocturna
traes la sombra del mutismo caprichoso
de unos celos singulares y tardíos,
volveremos a rozar el enojoso
viejo tema del «porqué» de tus hastíos.
¿Ves, amada? Ya se ha oído la sombría
voz solemne del Maestro: ya ha asomado
su faz grave la orquestal Melancolía,
y el esplín contagia el alma del teclado.
Deja, ¡loca!, de tocar... Risueñamente
ven y cura tu neurosis, flor de anemia,
con las risas que destilan el ardiente
rojo filtro de la música bohemia:
¡La que anuncia, por las tardes alegradas
de benditas borracheras, los regresos
presentidos a las carnes asoleadas
en el pleno mediodía de los besos!
Ríe y canta: torna bueno el rostro huraño,
y, como antes, tu garganta tentadora
volcará en mi copa negra el vino extraño
de una cálida armonía pecadora.
No me digas más del Rin... Llueven tristeza
esos cielos de leyendas wagnerianas...
y ¡qué quieres!, hoy yo tengo en la cabeza
más neblina que tus músicas germanas...

Bajo la angustia

Dijo anoche, su canto de muerte
la canción de la tos en tu pecho,
y, al mojarse en las notas rojizas,
mostró flores de sangre el pañuelo.
—¡Pobrecitas las carnes pacientes,
consumidas por fiebres de fuego;
para ellas las buenas, las tristes,
tiene un blanco sudario el invierno!
...Mira: abrígate bien, hermanita,
mira, abrígate bien, yo no quiero
ver que cierre tus ojos la Bruja
de los flacos y frígidos dedos...
Hermanita, ¡me viene una pena!
si te escucho gemir, que presiento
las nocturnas postreras heladas:
las temidas del árbol enfermo.
¡Si supieras!... Blandones sombríos,
me parecen tus ojos ¡tan negros!,
y tu lívida faz taciturna
un fatídico heraldo de duelo.
¡Si supieras!... A ratos me asaltan
tus visiones sangrientas... No duermo
al pensar, siempre alerta el oído,
que te pasas la noche tosiendo...
Al pensar en tu vida deshecha,
cuando miro esfumarse en mi ensueño
tus nerviosos esguinces cansados,
y moverse y cruzar tu esqueleto...
¡Hermanita: hace frío; ya es hora
de los suaves calores del lecho,

pero cambia la colcha: esa blanca
me recuerda el ajuar de los muertos!

Frente a frente

Anoche la enferma se fue de la vida,
por fin libertada de todos sus males.
Se fue sin angustias, como en un olvido,
sonriendo en sus hondos momentos finales.
Las madres del barrio musitan plegarias,
y, ahuyentando el sueño posible, la velan
con cara de luto, mientras las solícitas
a los pobrecitos huérfanos consuelan...
La robusta moza de la otra buhardilla,
dio a luz esta tarde. Contempla gozosa
la flor de sus noches: ese diminuto
amor, amasado con carne radiosa.
El marido, alegre, parece un chiquillo
dueño del regalo que al fin le llegara,
y, en un amplio fuerte gesto, para nuevas
viriles conquistas los brazos prepara.
¡Inviolables Hembras! Las dos frente a frente.
Irreconciliables las dos bienhechoras:
derramando siempre sus oscuras larvas
en el intangible vientre de las horas...
¡Qué triste está el cielo! ¡Cómo me contagia
las últimas penas de la luz vencida!
¡Canta, amada nuestra, la canción triunfante,
la canción eterna de la eterna vida!

De invierno

Frío y viento. Ya en la casa miserable,
tiritando se durmió la viejecita,
y en la pieza, abandonada como siempre,
gime y tose, sin alivio, la enfermita.
¡Oh, qué noche! Se me antoja ver extraños
rojos cirios en las calles solitarias...
¡Con qué lúgubre sigilo van pasando
las angustias, en sus rondas silenciarias!
Madre, hermana, prima, santas compasivas
de las trágicas miserias sollozantes:
¿qué será de los enfermos esta noche
tan adusta, de presagios inquietantes?
¡Oh, las vidas, condenadas en el lecho
al suplicio de las fiebres horrorosas!...
¡Pobrecitos los pulmones que no llegan
al dorado mes del Sol y de las rosas!
Oh, la carne, que se va tan resignada
que, soñando una esperanza, ya no espera!...
¡Pobrecita la incurable que se muere
suspirando por la dulce primavera!
¡Oh, las frígidas blancuras, las mortales,
de las novias peregrinas, que en su marcha
al país de lo vedado se desposan
con los tísicos donceles de la escarcha!...

Funerales báquicos

Ayer en la taberna, tristemente,
un borracho, pontífice del vino,
decía a otro borracho impenitente,
bebiendo el primer vaso matutino:
—Yo llevo en mi interior un silencioso
Genio o Poder que nunca me abandona:
Enemigo ignorado y fastidioso
que mis heridas de placer encona,
volcando el agua fuerte
del odio y del pesar. (Esa agua abunda
en las foscas riberas de la Muerte
y es en el riego del dolor fecunda).
Por eso mismo tengo indefinibles
rebeldías de lucha delirante
que solo me hacen ver los imposibles
donde cae el Esfuerzo a cada instante,
torturado y vencido
por la brutal Potencia que condena,
diariamente, al espíritu caído
a oír los soliloquios de la Pena.
Dominación fatal, conturbadora
del gran Desconocido que me obliga
a custodiar el Mal, hora tras hora,
arrojando a la espalda la fatiga.
Y es esa tiranía la venganza
de un fatídico monstruo cuya mano
como un destino atroz siempre me alcanza.
Pero pienso que en día no lejano
—cuando caiga debajo de la mesa
para nunca jamás ya levantarme—,

ese Genio que tiene mi alma presa
resolverá, tal vez, por fin, dejarme.
Y entonces habré muerto. Bienvenida
la eterna amada, la Libertadora,
que al derramar el vino de la vida
de mi vaso será la defensora.
¡Del terrible licor, del más amargo,
me llegarán las gotas como besos,
y en el viaje postrer —¡tan rudo y largo!—
¡tendré un cordial para mis pobres huesos!
Entonces, se oirá un himno de alegría
en todos los cenáculos viciosos,
y en el altar de la bodega fría
florecerán los pámpanos gloriosos,
¡como una exuberante
fiesta de las vendimias, festejada
con la copa risueña y desbordante
sobre el Hastío agobiador alzada!
Los viejos bebedores,
musitarán responsos doloridos,
en sus báquicos salmos gemidores,
escuchando el sermón de los vencidos;
y, taciturnos, llenos de unción, bajo
la santidad de los recuerdos fieles,
mojarán el hisopo de un andrajo
en la sangre mortal de los toneles,
para rociar mi caja
con sus tenues esencias vaporosas,
cuya embriaguez irá hasta mi mortaja
cubierta de racimos y de rosas.
Después, urdiendo extraños sacrificios,
muy quedo, acaso, seguirán mi entierro
las brujas como en Sábados de oficios;

¡y más tarde, por último, algún perro
lunático, burlón o visionario,
—feroz amante de las cosas bellas—
desde un negro escondrijo solitario
ladrará el epitafio a las estrellas!

Día de bronca

Compadre: Si no le he escrito,
perdone... ¡Estoy reventao!
Ando con un entripao
que, de continuar, palpito
que he de seguir derechito
camino de Triunvirato;
pues ya tengo para rato
con esta suerte cochina:
Hoy se me espiantó la mina,
¡y si viera con qué gato!
Sí, hermano, como le digo:
¡Viese qué gato ranero!
mishio, roñoso, fulero,
mal lancero y peor amigo.
¡Si se me encoge el ombligo
de pensar el trinquetazo,
que me han dao! El bacanazo
no vale ni una escupida,
y lo que es ella, ¡en la vida
me soñé este chivatazo!
Mas, no hay como vivir mucho
para conocerlas bien:
no piense que de recién
se le pegan al más ducho.
Aunque uno lo crea un pucho,
al contrario, el buen gavión
no debe dar ocasión
al adorno carneril...
¡Nunca lo crea tan gil
al que le arruina el buyón!

Yo los tengo junaos. ¡Viera
lo que uno sabe de viejo!
No hay como correr parejo
para estar bien en carrera.
Lo engrupen con la manquera,
con que tal vez ni serán
del pelotón, y se van
en fija, de cualquier modo...
ya no hay caso: ¡se la dan!
¡Pero tan luego a mi edá
que me suceda esta cosa!
Si es p'abrirse la piojosa
de la bronca que me da.
Porque es triste, a la verdá
—el decirlo es necesario—
que con el lindo prontuario
que con tanto sacrificio
he lograo en el servicio
¡me hayan agarrao de otario!
Y lo peor es que la cama
la supieron preparar.
¡De llegarlo a sospechar
cómo les dejo el programa!
Créame: pese a mi fama
de vivo entré por el cuento...
Cuando mangié el argumento
no sé lo que me pasó:
¡de la bronca que me dio,
compadre, casi reviento!
Sí, me la dieron con queso...
pero no importa, a la larga
me han de pagar esta amarga
situación por que atravieso.

¡Ni qué hablar! lo que es para eso
—se lo digo sin empacho—
siempre me tuve por macho
y ni una duda permito...
¡Ya verá qué dibujito
les vi'hacer en el escracho!
Bueno: ¿que ésta es quejumbrona
y escrita como sin gana?
Échele la culpa al rana
que me espiantó la cartona.
¡Tigrero de la madona,
veremos cómo se hamaca,
si es que el cuerpo no me saca
cuando me toque la mía!
¡Hasta luego!
—¡Todavía
tengo que afilar la faca!

La canción del barrio

El camino de nuestra casa

Nos eres familiar como una cosa
que fuese nuestra, solamente nuestra;
familiar en las calles, en los árboles
que bordean la acera,
en la alegría bulliciosa y loca
de los muchachos, en las caras
de los viejos amigos,
en las historias íntimas que andan
de boca en boca por el barrio
y en la monotonía dolorida
del quejoso organillo
que tanto gusta oír nuestra vecina,
la de los ojos tristes...
         Te queremos
con un cariño antiguo y silencioso,
¡caminito de nuestra casa! ¡Vieras
con qué cariño te queremos!
         ¡Todo
lo que nos haces recordar!
         Tus piedras
parece que guardasen en secreto
el rumor de los pasos familiares
que se apagaron hace tiempo... Aquéllos
que ya no escucharemos a la hora
habitual del regreso.
         Caminito
de nuestra casa, eres
como un rostro querido
que hubiéramos besado muchas veces:
¡tanto te conocemos!

Todas las tardes, por la misma calle,
miramos con mirar sereno
la misma escena alegre o melancólica,
la misma gente... ¡Y siempre la muchacha
modesta y pensativa que hemos visto
envejecer sin novio... resignada!
De cuando en cuando, caras nuevas,
desconocidas, serias o sonrientes,
que nos miran pasar desde la puerta.
Y aquellas otras que desaparecen
poco a poco, en silencio,
las que se van del barrio o de la vida,
sin despedirse.
  ¡Oh, los vecinos
que no nos darán más los buenos días!
Pensar que alguna vez nosotros
también por nuestro lado nos iremos,
quién sabe dónde, silenciosamente
como se fueron ellos...

«Mamboretá»

I Así la llaman todos los chicos de Palermo.
Es la risa del barrio con su rostro feúcho
y su andar azorado de animalito enfermo.
Tiene apenas diez años, pero ha sufrido mucho...
Los domingos temprano, de regreso de misa
la encuentran los muchachos vendedores de diarios,
y en seguida comienza la jarana, la risa,
y las zafadurías de los más perdularios.
Como cuando la gritan su apodo no responde,
la corren, la rodean y: «Mamboretá, ¿en dónde
está Dios?», la preguntan los muchachos traviesos.
Mamboretá suspira, y si es que alguno insiste:
—¿Dónde está Dios?, le mira mansamente con esos
sus ojos pensativos de animalito triste.

II Una viuda sin hijos la sacó de la cuna,
y alguien dice, con mucha razón, que lo hizo adrede,
de bruja, de perversa no más, pues le da una
vida tan arrastrada, que ni contar se puede.
Mamboretá trabaja desde por la mañana;
sin embargo, no faltan quienes la llaman floja,
la viuda, sobre todo, la trata de haragana,
y si está con la Luna de cuanto se le antoja:
—«La inútil, la abriboca, la horrible, la tolola...»
Mamboretá no ha oído todavía una sola
palabra de cariño. ¡Pobre Mamboretá!
Todo el mundo la grita, todos la manosean,
y las mujeres mismas a veces la golpean...
¡Ah, cómo se conoce que no tiene mamá!

La muchacha que siempre anda triste

Así anda la pobre, desde la fecha
en que, tan bruscamente, como es sabido,
aquel mozo que fuera su prometido
la abandonó con toda la ropa hecha.
Si bien muchos lo achacan a una locura
del novio, que oponía sobrados peros...
todavía se ignoran los verdaderos
motivos admisibles de la ruptura.
Sin embargo, en los chismes, casi obligados,
de los pocos momentos desocupados,
una de las que cosen en el taller
dice —y esto lo afirma la propia abuela—,
que desde que ella estuvo con la viruela,
él, ni una vez siquiera, la ha vuelto a ver.

La francesita que hoy salió a tomar el Sol

Un poco paliducha y adelgazada,
—¡estuvo tan enferma recientemente!—
caminando de prisa por la asoleada
vereda, va la rubia convaleciente
que, con rumbo a Palermo dobló hacia el Norte.
¡Salud, la linda rubia: cara traviesa,
gesto de ¡viva Francia!, y airoso el porte:
como que para eso nació francesa.
¿Será el desconocido que va delante
o es la gracia burlona con que camina
que ahuyentó aquel capricho sentimental?
¡Adiós los ojos tristes del estudiante
que vio junto a la cama de su vecina
en la tarde de un jueves del hospital!...

Como aquella otra

Sí, vecina: te puedes dar la mano,
esa mano que un día fuera hermosa,
con aquella otra eterna silenciosa
«que se cansara de aguardar en vano».
Tú también, como ella, acaso fuiste
la bondadosa amante, la primera,
de un estudiante pobre, aquel que era
un poco chacotón y un poco triste.
O no faltó el muchacho periodista
que allá en tus buenos tiempos de modista
en ocios melancólicos te amó
y que una fría noche ya lejana,
te dijo, como siempre: «Hasta mañana...»
pero que no volvió.

En el café

Desde hace una semana falta ese parroquiano
que tiene una mirada tan llena de tristeza
y, que todas las noches, sentado junto al piano
bebe, invariablemente, su vaso de cerveza
y fuma su cigarro... Que silenciosamente
contempla a la pianista que agota un repertorio
plebeyo, agradeciendo con aire indiferente
la admiración ruidosa del modesto auditorio.
Hace ya cinco noches que no ocupa su mesa,
y en el café su ausencia se nota con sorpresa.
¡Es raro, cinco noches... y sin aparecer!
Entre los habituales hay algún indiscreto
que asegura a los otros, en tono de secreto,
que hoy está la pianista más pálida que ayer.

Mambrú se fue a la guerra

«Mambrú se fue a la guerra...» ¡Vamos, linda vecina!
¿Con su ronga catonga los chicos de la acera
te harán llorar, ahora? No seas sensiblera
y piensa que esta noche de verano es divina
y hay Luna, mucha Luna. ¡Todo por esa racha
de recuerdos que llevan sin traer al causante!
¡Todo por el veleta que fue novio o amante
allá, en tus más lejanas locuras de muchacha!
Que nunca en tantos años se te oyera una queja
y te aflijas ahora, cuando eres casi vieja,
por quien, al fin y al cabo, ¿dónde está, si es que está?
Seamos muchachitos... Empecemos el canto
sin que te ponga fea, como hace poco, el llanto:
«¡Mambrú se fue a la guerra, Mambrú no volverá!»

Otro chisme

¿Ahora el otro?... Bueno, a ese paso
se han de contagiar todos, entonces. ¡Vaya
con la manía! Porque es el caso
que no transcurre un solo día sin que haya
sus novedades...
                    Nadie ha sabido
sacarle las palabras... ¡Es ocurrencia:
servir de burla a cuanto mal entendido
hay en Palermo!... ¡Si da impaciencia
verlo! La causa, de cualquier modo,
no ha de ser para tanto:
pasarse horas enteras... y, sobre todo,
¡siempre con esa cara de Viernes Santo!...
Pues ¡lo que son las cosas!, precisamente,
desde que aquella moza, que se reía
de su facha, muriera tan de repente,
anda así el hombre. ¡Bien lo decía
uno de sus amigos!
                    Medio enterado
de tal asunto, existe quien asegura
que noche a noche vuelve tomado.
No tiene compostura...
¡Pobre! Ni loco
que estuviese... Por algo ya no se puede
aconsejarle que cambie un poco...
¡Es indudable que lo hace adrede!
De ninguna manera piensa enmendarse:
no quiere escuchar nada...
Y, aunque era de esperarse,
como con su conducta desarreglada

está hecho un perdido,
a quien poco le importa del qué dirán...
a fin de cuentas, ha conseguido
que lo echen del trabajo por haragán.

Lo que dicen los vecinos

¡Bendito sea! Tan luego ahora
mostrarse adusta. ¡Quién lo diría:
ella que siempre conversadora
llenaba el patio con su alegría!
Es increíble lo que les cuesta
hacer que escuche si le hablan de esto;
ruegan, la apuran, y no contesta
ni una palabra: ¡les pone un gesto!
Y en cuanto insisten se les resiente.
Muchos la encuentran desconocida,
y —¡da una pena!— continuamente
la van notando más retraída
como si todo la incomodara.
Ya no es ni sombra de lo que fuera
en otros tiempos. ¡Qué cosa rara
que haya cambiado de tal manera!
¡Anda de triste! Y es bien sabido,
cualquier zoncera la vuelve idiota.
En pocos meses ha enflaquecido
tanto la pobre...
         Por caprichosa
le pasa eso. Nadie la aguanta...
Los de la casa se hallan perplejos:
¡verla así desde que se levanta!
Esta mañana, sin ir más lejos,
como asaltada por una viva
duda que acaso fue pasajera,
¡la han sorprendido tan pensativa
en el descanso de la escalera!...

La enferma que trajeron anoche

La enferma abrió los ojos cuando la hermana,
que aún no ha descansado ni un solo instante,
decía sus temores al practicante
que pasa la visita de la mañana.
Desde que la trajeron ha rechazado
sin contestar palabra, todo remedio,
y por más que se hizo no hubo medio
de vencer un mutismo tan obstinado.
Y ahora, en la pesada semi-inconsciencia
del último momento, su indiferencia
silenciosa parece ceder, por fin,
pero en los labios secos y en la mirada
solo tiene un reproche de abandonada
para las compañeras del cafetín.

El ensueño

Porque después del golpe vino la airada
retahíla de insultos con que la veja,
ella tornó a callarse, sin una queja,
ya a las frases más torpes acostumbrada.
Y por fin, en el lecho cayó, cansada,
conteniendo esa horrible tos que no ceja
y de nuevo a la boca sube y le deja
el sabor de su enferma sangre afiebrada.
Y mientras el padre, grita, brutal, borracho
como siempre que vuelve de la cantina,
ella piensa en el dulce sueño irreal
que soñara al recuerdo de aquel muchacho
que vio junto a la cama de su vecina
de la tarde de un jueves del hospital.

El hombre que tiene un secreto

Algunos se hacen malas suposiciones
cada vez que el pobre hombre dobla la esquina
y franquea la puerta de la cantina,
donde busca el silencio de los rincones.
Eco de las diversas murmuraciones
de los más insidiosos, una vecina
dice que nunca dejan de darle espina
esas muy sospechosas ocultaciones.
Hoy —y esto es explicable— la buena gente
se halla un tanto intrigada, pues casualmente
hace cinco minutos, al regresar
de la calle, cumplido cierto mandato,
el hijo de la viuda que vive al lado
acodado en la mesa lo vio llorar.

El silencioso que va a la trastienda

Francamente, es huraña la actitud de este obrero
que, de la alegre rueda casi siempre apartado,
se pasa así las horas muertas, con el sombrero
sobre la pensativa frente medio inclinado.
Sin asegurar nada, dice el almacenero
que, por momentos, muchas veces le ha preocupado
ver con qué aire tan raro se queda el compañero
contemplando la copa que apenas ha probado.
Como a las indirectas se hace el desentendido,
el otro día el mozo, que es un entrometido,
y de lo más cargoso que se pueda pedir,
se acercó a preguntarle no sabe qué zoncera
y le clavó los ojos, pero de una manera
que tuvo que alejarse sin volver a insistir.

El suicidio de esta mañana

En medio del gentío ya no hay quien pueda
pasar, pues andan sueltos los pisotones
que han promovido algunas serias cuestiones
entre los ocupantes de la vereda.
En la puerta, un travieso chico remeda
la jerga de un vecino que a manotones
logró llegar al grupo de los mirones
que, una vez en el patio, formaran rueda.
Una buena comadre, casi afligida,
cuenta a una costurera muy vivaracha
que, a estar a lo que dicen, era el suicida
un borracho perdido —según oyó—
el marido de aquella pobre muchacha
que a fines de este otoño lo abandonó.

El casamiento

Como nada consigue siendo prudente,
del montón de curiosos que han hecho rueda
esperando a los novios, vuelve el agente
a disolver los grupos de la vereda.
Que después del desorden que hace un momento
se produjo, interviene de rato en rato:
cada cinco minutos cae el sargento
y, con razón, no quiere pagar el pato...
En la acera de enfrente varias chismosas
que se hallan al tanto de lo que pasa,
aseguran que para ver ciertas cosas
mucho mejor sería quedarse en casa.
Alejadas del cara de presidiario
que sugiere torpezas, unas vecinas
pretenden que ese sucio vocabulario
no debieran oírlo las chiquilinas.
Aunque —tal acontece— todo es posible,
sacando consecuencias poco oportunas,
lamenta una insidiosa la incomprensible
suerte que, por desgracia, tienen algunas...
Y no es el primer caso... Si bien le extraña
que haya salido un zonzo... pues en enero
del año que transcurre, si no se engaña,
dio que hablar con el hijo del carnicero.
Con los coches que asoman, la gritería
de los muchachos dicen las intenciones
del común movimiento de simpatía
traducido en ruidosas demostraciones.
Una vez dentro, es claro, no se comenta
sino la ceremonia muy festejada,

bien que por otra parte les impacienta
el reciente bochinche de la llegada.
Como los retardados no han sido tantos
y sobran bailarines en ese instante,
se va a empezar la cosa, salvo unos cuantos,
que se reservan para más adelante.
El tío de la novia, que se ha creído
obligado a fijarse si el baile toma
buen carácter, afirma, medio ofendido,
que no se admiten cortes, ni aun en broma.
—Que, la modestia a un lado, no se la pega
ninguno de esos vivos... seguramente.
La casa será pobre, nadie lo niega:
todo lo que se quiera, pero decente—.
Y continuando, entonces, del mismo modo
prohíbe formalmente los apretones:
compromisos, historias y, sobre todo,
conversar sin testigos en los rincones.
La polka de la silla dará motivo
a serios incidentes, nada improbables:
nunca falta un rechazo despreciativo
que acarrea disgustos irremediables.
Ahora, casualmente, se ha levantado
indignada la prima del guitarrero,
por el doble sentido, mal arreglado,
del piropo guarango del compañero.
La discusión acaba con las violentas
porfías del padrino, que se resiste
a las observaciones de las parientas
que le impiden que haga papel tan triste...
El vigilante amigo, que en la parada
cumpliendo la consigna diaria se aburre,
dice que de regreso de una llamada

vino a echar su vistazo, por si algo ocurre...
Como es inexplicable que se permitan
horrores que no deben ser achacados
a los íntimos, varios padres le invitan
a proceder en forma con los colados.
En el comedor, donde se bebe a gusto,
casi lamenta el novio que no se pueda
correr la de costumbre... pues, y esto es justo,
la familia le pide que no se exceda.
Y lo que es él, ahora tiene derecho
a desdeñar, sin duda, las perrerías
de aquellos envidiosos, cuyo despecho
fuera causa de tales habladurías...
Respecto de aquel otro desengañado,
—es opinión de muchos— en verdad cabe
suponer que, si es cierto que anda tomado,
comete una locura de las que él sabe.
La madrina, a quien eso no le parece
sino una soberana maldad, se encarga
de chantarle unas frescas, según merece
ese desocupado tan lengua larga...
Entre los invitados, una comadre
narra cómo ha podido venirse sola:
¡se le antojó a su chico seguir al padre
a traer la familia de don Nicola!
...¿Su cuñada? ¡Qué cambio! Parece cuento,
siempre encuentra disculpas, y hasta le ruega
no insistir, pretextando su retraimiento
desde que la hermanita se quedó ciega.
Las mujeres distraen, de cuando en cuando,
a la vieja que anoche, no más, reía
fingiéndose conforme pero dudando:
—...al fin era la ayuda que ella tenía—.

La afligen los apuros. Llora, temiendo
las estrecheces de antes, ¡y con qué pena!
piensa en el hijo ausente que está cumpliendo
los tres años, tan largos, de su condena...
La crítica se muestra muy indulgente:
—Las personas han sido mejor tratadas
que otras veces, sintiendo, naturalmente,
que hayan habido algunas bromas pesadas...
En cuanto a las muchachas ¡con unos aires!
como si trabajasen de señoritas...
¡Han dejado la fama de sus desaires
llenas de pretensiones las pobrecitas!
Sin entrar en detalles sobre el odioso
golpe de circunstancias, alguien se queja
preguntando a los hombres quién fue el gracioso
que se llevó a los novios de la bandeja.
En el patio, dos mozos arman cuestiones,
y sin ninguna clase de miramientos
se dirigen airadas reconvenciones,
resabios de distantes resentimientos...
Como el guapo es amigo de evitar toda
provocación que aleje la concurrencia,
ha ordenado que apenas les sirvan soda
a los que ya borrachos buscan pendencia.
Y, previendo la bronca, después del gesto
único en él, declara que aunque le cueste
ir de nuevo a la cárcel, se halla dispuesto
a darle un par de hachazos al que proteste...
Y en medio del bullicio, que pronto cesa,
las guitarras anuncian estar cercano
el aguardado instante de la sorpresa
preparada en secreto desde temprano...
Que, deseosos de aplausos y de medirse

de nuevo, recordando sus anteriores
tenaces contrapuntos sin definirse,
van a verse las caras dos payadores.

El velorio

Como ya en el barrio corrió la noticia,
algunos vecinos llegan consternados,
diciendo en voz baja toda la injusticia
que amarga la suerte de los desdichados...
A principios de año, repentinamente
murió el mayorcito... ¡Si es para asustarse:
apenas lo entierran, cuando fatalmente
la misma desgracia vuelve a presentarse!
En medio del cuadro de caras llorosas
que llena el ambiente de recogimiento,
el padre recibe las frases piadosas
con que lo acompañan en el sentimiento...
Los íntimos quieren llevárselo afuera,
pues presienten una decisión sombría
en su mirar fijo: de cualquier manera
con desesperarse nada sacaría...
Porque hay que ser hombre, cede a las instancias
de los allegados, que fingen el gesto
de cansancio propio de las circunstancias:
—Paciencia, por algo Dios lo habrá dispuesto.
La forma expresiva de las condolencias
narra lo sincero de las aflicciones,
que recién en estas duras emergencias
se aprecian las pocas buenas relaciones.
Entre los amigos que han ido a excusarse,
uno que otro padre de familia pasa
a cumplir, sintiendo no poder quedarse:
—¡...ellos también tienen enfermos en casa!
Encuentran el golpe realmente sensible,
aunque irreparable, saben que sus puestos

están allí, pero... les es imposible...
al fin crían hijos y se hallan expuestos...
Como habla del duelo todo el conventillo,
vienen comentarios desde la cocina,
mientras el teclado de un ronco organillo
más ronco y más grave solloza en la esquina.
Las muchas vecinas que desde temprano
fueron a brindarse, siempre cumplidoras,
están asombradas... ¡El era bien sano,
y en tan corto tiempo: cuarenta y ocho horas!
¡Parece mentira! ¡Pobre finadito!...
Nunca, jamás daba que hacer a la gente:
¡había que verlo, ya tan hombrecito,
tan fino en sus modos y tan obediente!
La angustiada madre, que llorando apura
el cáliz que el justo Señor le depara,
muestra a las visitas la vieja figura
con que la noche antes él aún jugara.
Y, afanosamente, buscando al acaso,
halla entre las vueltas de una serpentina
aquel desteñido traje de payaso
que le regalase su santa madrina.
Y la rubia imagen a la cual rezaba
truncas devociones de rezos tardíos,
¡ah, qué unción la suya, cuando comenzaba:
«Jesús Nazareno, rey de los judíos»!...
Como esas benditas cosas no la dejan,
y ella torna al mismo fúnebre relato
y va siendo tarde, todas la aconsejan
cariñosamente recostarse un rato.
Muchas de las que hace tiempo permanecen
con ella, se marchan, pues no les permite
quedarse la hora, pero antes se ofrecen

para algo de apuro que se necesite...
Las de «compromiso» van abandonando
silenciosamente la pieza mortuoria:
solo las parientes se aguardan, orando
por el angelito que sube a la Gloria.
La crédula hermana se acerca en puntillas,
a ver, nuevamente, «...si ya está despierto...»,
y le llama y pone sus frescas mejillas
sobre la carita apacible del muerto.
En el otro cuarto se tocan asuntos
de interés notorio: programas navales,
cuestiones, alarmas, crisis y presuntos
casos de conflictos internacionales.
Mientras corre el mate, se insinúan datos
sobre las carreras y las elecciones,
y «la fija, al freno», de los candidatos
es causa de algunas serias discusiones.
Como no es posible que en esos instantes,
y habiendo muchachas, puedan sostenerse
sin ningún motivo temas semejantes,
los juegos de prendas van a proponerse.
Varios se retiran como pesarosos
de no acompañarlos: no hay otro remedio,
quizás esperasen, sin duda gustosos,
si fuerzas mayores que están de por medio...
Y, al dejar al padre menos afligido,
a las susurradas frases de la breve
triste despedida, sigue el convenido
casi misterioso: —«Mañana a las nueve»...

Has vuelto

Has vuelto, organillo. En la acera
hay risas. Has vuelto llorón y cansado
como antes.
                El ciego te espera
las más de las noches sentado
a la puerta. Calla y escucha. Borrosas
memorias de cosas lejanas
evoca en silencio, de cosas
de cuando sus ojos tenían mañanas,
de cuando era joven... la novia... ¡quién sabe!
Alegrías, penas,
vividas en horas distantes. ¡Qué suave
se le pone el rostro cada vez que suenas
algún aire antiguo! ¡Recuerda y suspira!
Has vuelto, organillo. La gente
modesta te mira
pasar, melancólicamente.
Pianito que cruzas la calle cansado
moliendo el eterno
familiar motivo que el año pasado
gemía a la Luna de invierno:
con tu voz gangosa dirás en la esquina
la canción ingenua, la de siempre, acaso
esa preferida de nuestra vecina
la costurerita que dio aquel mal paso.
Y luego de un valse te irás como una
tristeza que cruza la calle desierta,
y habrá quien se quede mirando la Luna
desde alguna puerta.
¡Adiós alma nuestra! parece

que dicen las gentes en cuanto te alejas.
¡Pianito del dulce motivo que mece
memorias queridas y viejas!
Anoche, después que te fuiste,
cuando todo el barrio volvía al sosiego
—qué triste—
lloraban los ojos del ciego.

La costurerita que dio aquel mal paso

La que hoy pasó muy agitada

¡Qué tarde regresas!... ¿Serán las benditas
locuaces amigas que te han detenido?
¡Vas tan agitada!... ¿Te habrán sorprendido
dejando, hace un rato, la casa de citas?
¡Adiós, morochita!... Ya verás, muchacha,
cuando andes en todas las charlas caseras:
sospecho las risas de tus compañeras
diciendo que pronto mostraste la hilacha...
Y si esto ha ocurrido, que en verdad no es poco,
si diste el mal paso, si no me equivoco,
y encontré el secreto de esa agitación...
¿quién sabrá si llevas en este momento
una duda amarga sobre el pensamiento
y un ensueño muerto sobre el corazón?

¿No te veremos más?

...¿Conque estás decidida? ¿No te detiene nada?
¿Ni siquiera el anuncio de este presentimiento?
¡No puedes negar que eres una desamorada:
te vas así, tranquila, sin un remordimiento!
¡Has sido tanto tiempo nuestra hermanita! Mira
si no te desearemos un buen viaje y mejor suerte,
...tu decisión de anoche la creíamos mentira:
¡qué tan acostumbrados estábamos a verte!
Nos quedaremos solos. ¡Y cómo quedaremos!...
Demás fuera decirte cuánto te extrañaremos:
y tú, también, ¿es cierto que nos extrañarás?
¡Pensar que entre nosotros ya no estarás mañana!
Caperucita roja que fuiste nuestra hermana,
Caperucita roja, ¿no te veremos más?

La inquietud

Les tiene preocupados y triste la tardanza
de la hermana. Los niños no juegan con el gato,
ni recuerdan ahora lo de la adivinanza
que propusiera alguno, para pasar el rato.
De vez en cuando, el padre mira el reloj. Parecen
más largos los minutos. Una palabra dura...
no acaba. Las muchachas, que cosen, permanecen
calladas, con los ojos fijos en la costura.
Las diez, y aún no vuelve. Ya ninguno desecha,
como al principio, aquella dolorosa sospecha...
El padre, que ha olvidado la lectura empezada,
enciende otro cigarro... Cansados de esperar
los niños se levantan, y sin preguntar nada
dicen las buenas noches y se van a acostar.

La costurerita que dio aquel mal paso

La costurerita que dio aquel mal paso...
—y lo peor de todo, sin necesidad—
con el sinvergüenza que no la hizo caso
después... —según dicen en la vecindad—
se fue hace dos días. Ya no era posible
fingir por más tiempo. Daba compasión
verla aguantar esa maldad insufrible
de las compañeras, ¡tan sin corazón!
Aunque a nada llevan las conversaciones,
en el barrio corren mil suposiciones
y hasta en algo grave se llega a creer.
¡Qué cara tenía la costurerita,
qué ojos más extraños, esa tardecita
que dejó la casa para no volver!...

Cuando llega el viejo

Todos están callados ahora. El desaliento
que repentinamente siguiera al comentario
de esa duda, persiste como un presentimiento.
El hermano recorre las noticias del diario
que está sobre la mesa. La abuela se ha dormido
y los demás aguardan con el oído alerta
a los ruidos de afuera, y apenas se oye un ruido
las miradas ansiosas se clavan en la puerta.
El silencio se vuelve cada vez más molesto:
una frase que empieza se traduce en un gesto
de impaciencia. ¡La espina de esa preocupación!...
Y cuando llega el viejo, que salió hace un instante,
todas las miradas fijas en su semblante
hay una temerosa, larga interrogación.

Caperucita roja que se nos fue

¡Ah, si volvieras!... ¡Cómo te extrañan mis hermanos!
La casa es un desquicio: ya no está la hacendosa
muchacha de otros tiempos. ¡Eras la habilidosa
que todo lo sabías hacer con esas manos...!
El menor de los chicos, pobrecito, te llama
recordándote siempre lo que le prometieras,
para que les des algo... Y a veces —¡si lo oyeras!—
para que como entonces le prepares la cama.
¡Como entonces! ¿Entiendes? ¡Ah, desde que te fuiste,
en la casita nuestra todo el mundo anda triste!,
y temo que los viejos se enfermen, ¡pobres viejos!
Mi madre disimula, pero a escondidas llora
con el supersticioso temor de verte lejos...
Caperucita roja, ¿dónde estás ahora?

Aquella vez que vino tu recuerdo

La mesa estaba alegre como nunca.
Bebíamos el té: mamá reía
recordando, entre otros,
no se qué antiguo chisme de familia;
una de nuestras primas comentaba
—recordando con gracia los modales,
de un testigo irritado— el incidente
que presenció en la calle;
los niños se empeñaban, chacoteando,
en continuar el juego interrumpido,
y los demás hablábamos de todas
las cosas de que se habla con cariño.
Estábamos así contentos, cuando
alguno te nombró, y el doloroso
silencio que de pronto ahogó las risas,
con pesadez de plomo,
persistió largo rato. Lo recuerdo
cómo si fuera ahora: nos quedamos
mudos, fríos. Pasaban los minutos,
pasaban y seguíamos callados.
Nadie decía nada pero todos
pensábamos lo mismo. Como siempre
que la conmueve una emoción penosa,
mamá disimulaba ingenuamente
queriendo aparecer tranquila. ¡Pobre!
¡Bien que la conocemos!... Las muchachas
fingían ocuparse del vestido
que una de ellas llevaba;
los niños, asombrados de un silencio
tan extraño, salían de la pieza.

Y los demás seguíamos callados
sin mirarnos siquiera.

Por ella

...¡Déjala, prima! Deja que suspire
la tía: ella también tiene su pena,
y ríe alguna vez, siquiera, ¡Mira
que no te ríes hace tiempo!
                    Suena
de improviso tu risa alegre y sana
en la paz de la casa silenciosa
y es como si se abriese una ventana
para que entrase el Sol.
                        ¡Tu contagiosa
alegría de antes! La de entonces, esa
de cuando eras comunicativa
como una hermana buena que regresa
después de un largo viaje.
                        ¡La expansiva
alegría de antes! Se la siente
solo de tiempo en tiempo, en el sereno
olvidar de las cosas...
                    ¡Ah, la ausente!
Con ella se nos fue todo lo bueno.
Tú lo dijiste, prima, lo dijiste...
Por ella son estos silencios malos,
por ella todo el mundo anda así, triste,
con una pena igual, sin intervalos
bulliciosos. El patio sin rumores,
nosotros sin saber lo que nos pasa
y sus cartas muy breves y sin flores...
¿Qué se habrá hecho de la risa, en casa?

¿Qué será de ti?

¿Qué será de ti? ¡Hace tanto
que te fuiste! Ya ni sé
cuánto tiempo.
      ¿De nosotros
te acuerdas alguna vez?
¿Verdad que sí? Tu cariño
de lejos nos seguirá...
Lejos de nosotros, ¡pobre,
qué sola te sentirás!
Si se habla de ti, en seguida
pensamos: ¿será feliz?
Y a veces te recordamos
con un vago asombro: así
como si estuvieras muerta.
¿Después de aquel largo adiós,
ahora que no eres nuestra,
quién escuchará tu voz?
Madrecita, hermana, dulce
hermana que se nos fue,
hermanita buena, ¿cuándo
te volveremos a ver?

Por la ausente

Fuma de nuevo el viejo su trabajosa
pipa y la madre escucha con indulgencia
el sabido proceso de la dolencia
que aflige a una pariente poco animosa.
El muchacho concluye la fastidiosa
composición, que sobre la negligencia
en la escuela le dieron de penitencia,
por haber olvidado no sé qué cosa...
Y en el hondo silencio que de repente
como una obsesión mala llena el ambiente,
muy quedo la hermanita va a comenzar
la oración, noche a noche tartamudeada,
por aquella perdida, desamorada,
que hace ya cinco meses dejó el hogar.

La vuelta de Caperucita

Entra sin miedo, hermana: no te diremos nada.
¡Qué cambiado está todo, qué cambiado! ¿No es
cierto?
¡Si supieras la vida que llevamos pasada!
Mamá ha caído enferma y el pobre viejo ha muerto...
Los menores te extrañan todavía, y los otros
verán en ti la hermana perdida que regresa:
puedes quedarte, siempre tendrás entre nosotros,
con el cariño de antes, un lugar en la mesa.
Quédate con nosotros. Sufres y vienes pobre.
Ni un reproche te haremos: ni una palabra sobre
el oculto motivo de tu distanciamiento;
ya demasiado sabes cuánto te hemos querido:
aquel día, ¿recuerdas? tuve un presentimiento...
¡Si no te hubieras ido!...

Íntimas

Aquella vez en el lago

La góndola volvía. Frente a frente
estábamos, en esa inolvidable
vieja tarde de otoño, purpurada
por la sangre del Sol en el poniente.
Y porque te mostrabas displicente
a tu mismo abandono abandonada,
se me antojó decir, sin decir nada,
lo que quiero ocultar inútilmente.
Callaste, y como al agitar el rico
blasonado marfil de tu abanico
hubo una muda negación sencilla
en la leve ironía de tu boca,
yo me quedé pensando en una loca
degollación de cisnes en la orilla.

Una sorpresa

Hoy recibí tu carta. La he leído
con asombro, pues dices que regresas,
y aún de la sorpresa no he salido...
¡Hace tanto que vivo sin sorpresas!
«Que por fin vas a verme... que tan larga
fue la separación...» Te lo aconsejo,
no vengas, sufrirías una amarga
desilusión: me encontrarías viejo.
Y como un viejo, ahora, me he llamado
a quietud, y a excepción —¡siempre el pasado!—
de uno que otro recuerdo que en la frente
me pone alguna arruga de tristeza,
no me puedo quejar: tranquilamente
fumo mi pipa y bebo mi cerveza.

Como en los buenos tiempos

A veces, miro un poco entristecido
la fiel evocación de ese retrato
donde estás viva, aunque hace mucho rato,
digo bien, mucho rato que te has ido.
¡Y apenas la impresión que nada deja!
Tal vez he preferido más perderte
que haber seguido amándote, hasta verte
con la vergüenza de sentirte vieja.
Y, sin embargo, acaso mentiría,
si quisiera decir que todavía
no he cesado de oírte junto al piano
que nadie ha vuelto a abrir, como en ninguna
emoción de aquel tiempo tan lejano
cuando aún eras prima de la Luna.

¿Recuerdas?

Las rosas del balcón eran celosas
novias bajo el agravio de la fina
ironía falaz de una vecina
que se ponía a reír de ciertas cosas.
Tu perdón desdeñoso fue a las rosas
y tus labios a mí. La muselina
de la suave penumbra vespertina
te envolvió en no sé qué ansias misteriosas.
Dijo el piano motivos pasionales,
al temblar tus magnolias pectorales
con miel de invitaciones al pecado
de tu posible ruego incomprendido
terminó la canción con un gemido
de alondra torturada en el teclado.

La música lejana que nos llega

Accede, te lo ruego así... Dejemos,
mientras se enfría el té que has preparado,
de leer el capítulo empezado:
amada, cierra el libro y escuchemos...
Y calla, por favor... Guarda tus finas
burlas: ten la vergüenza, no imposible,
de que tu dulce voz halle insensible,
rebelde el corazón que aún dominas.
¿Ves? Llega como un breve pensamiento
que pone en fuga el arrepentimiento...
Bebe toda la onda, hermana mía,
no dejes en la copa nada, nada...
Emborráchate, amada:
la música es el vino hecho armonía.

Conversando

El libro sin abrir y el vaso lleno,
—con esto, para mí, nada hay ausente—.
Podemos conversar tranquilamente:
la excelencia del vino me hace bueno.
Hermano, ya lo ves, ni una exigencia
me reprocha la vida... así me agrada;
de lo demás no quiero saber nada...
Practico una virtud: la indiferencia.
Me disgusta tener preocupaciones
que hayan de conmoverme. En mis rincones
vivo la vida a la manera eximia
del que es feliz, porque en verdad te digo:
la esposa del señor de la vendimia
se ha fugado conmigo...

Cuando hace mal tiempo

Mientras dice la lluvia en los cristales
sus largas letanías fastidiosas,
me aduermo en las blanduras deliciosas
de las tibias perezas invernales.
El humo del cigarro en espirales
me finge perspectivas caprichosas,
y en la nube azulada van las cosas
insinuando contornos irreales.
¡Qué bueno es el diván en estas frías
tardes, fatales de monotonías!...
¡Qué bien se siente uno, así, estirado
con una pesadez sensual!... ¡Quisiera
no moverme de aquí! ¡Si se pudiera
vivir eternamente amodorrado!

De sobremesa

Anoche, terminada ya la cena
y mientras saboreaba el café amargo,
me puse a meditar un largo rato:
el alma como nunca de serena.
Bien lo sé que la copa no está llena
de todo lo mejor, y, sin embargo,
por pereza, quizás, ni un solo cargo
le hago a la suerte, que no ha sido buena...
Pero, como por una virtud rara
no le muestro a la vida mala cara
ni en las horas que son más fastidiosas,
nunca nadie podrá tener derecho
a exigirme una mueca... ¡Tantas cosas
se pueden ocultar bien en el pecho!

Interior

La silla que ahora nadie ocupa

Con la vista clavada sobre la copa
se halla abstraído el padre desde hace rato:
pocos momentos hace que rechazó el plato
del cual apenas quiso probar la sopa.
De tiempo en tiempo, casi furtivamente,
llega en silencio alguna que otra mirada
hasta la vieja silla desocupada
que alguien, de olvidadizo, colocó enfrente.
Y, mientras se ensombrecen todas las caras,
cesa de pronto el ruido de las cucharas
porque insistentemente, como empujado
por esa idea fija que no se va,
el menor de los hijos ha preguntado
cuándo será el regreso de la mamá.

Por las madrecitas modestas

Por el largo insomnio que tanto desvelo
os causó, desvelo que tiene un testigo
en el perro amigo que como un abuelo
os compadecía... Por vosotras, digo:
San José y la Virgen, Señora Santa Ana,
con vuestras miradas fijas en la cuna,
rogad como anoche para que mañana
se despierte el niño sin dolencia alguna.
Para que se queden ellas sin la espina
de ver al marido marcharse a la esquina,
y para que libre de todo cuidado,
esta noche fría que no tiene Luna
gocen dulcemente de un sueño pesado:
Jesús Nazareno, velad por la cuna.

La que se quedó para vestir santos

Ya tienes arrugas, ¡Qué vergüenza!... Bueno:
serás abuelita sin ser madrecita.
Ayer, recordando tu pesar sereno,
me dio mucha pena tu cara marchita.
...¿Ni siquiera una novela empezada?
Quizás el idilio que duró un verano,
hasta que una noche por buena y confiada,
se cansó la novia de aguardar en vano.
Y tú sufrirías, o no sufrirías,
nerviosas esperas, y te quedarías
como es natural,
tan indiferente que al día siguiente
ya no habría nada, nada: solamente
húmedas las puntas de tu delantal.

La dulce voz que oímos todos los días

¡Tienes una voz tan dulce!...
Yo no sé por qué será:
te oímos y nos dan muchas
ganas de quererte más.
Tienes una voz tan dulce
y una manera de hablar,
que aunque a veces tú también
estés triste de verdad
haces reír a abuelita
cuando ella quiere llorar.
¡Y ninguno sabe en dónde
encuentras tanta bondad
para poder decir unas
cosas que nos gustan más!...
¡Si vieras cómo nos gusta!
No te habrás de imaginar
lo mucho que sufriremos
si tú nos dejas... Mamá
dice que cuando te cases
nos tendrás que abandonar,
y eso es mentira: ¿no es cierto
que nunca te casarás?
Nunca nos dejarás solos
porque eres buena ¿verdad?
¿Alguna vez has pensado
qué haremos si te nos vas?
¿No lo has pensado? Nosotros
no lo queremos pensar.
Si tú te nos vas, ¿entonces
qué voz extraña vendrá

a decirnos esas cosas
que tú ya no nos dirás?
¿Nos hará olvidar tu voz
la voz que vendrá? ¿Lo hará?
¿Hará reír a abuelita
cuando ella quiere llorar?

Te vas

Ya lo sabemos. No nos digas nada.
Lo sabemos: ahórrate la pena
de contarnos sonriendo lo que sufres
desde que estás enferma.
¡Ah, te vas sin remedio,
te vas, y sin embargo, no te quejas:
jamás te hemos oído una palabra
que no fuera serena,
serena como tú, como el cariño
de hermanita mayor con que nos besas,
de hermanita mayor que por nosotros
se olvidó de ser novia!...
                      No te quejas,
no quieres afligirnos, pero lloras
cuando nadie te mira, y tu tristeza
silenciosa no tiene una amargura...
¿Por qué serás tan buena?

Sola...

¡Ah, por fin sola! Te dejaron
las buenas amigas, las locas
de siempre.
          ¡Qué alegres se fueron!,
¡qué risas las suyas!
              —¡La zonza!—,
te dijeron al irse. ¡Es claro,
parecías tan triste!
      Bueno.
Por fin estás sola... No hay nadie,
todas las amigas se fueron
y se halla en silencio la casa.
La abuela descansa, y los chicos
en el distante comedor
juegan despacio, sin dar gritos.
Apenas si afuera, en la calle,
persiste un rumor apagado
de voces. Estás sola, sola,
en la paz grave de tu cuarto.
Vela un momento, y cuando tengas
el corazón bien en reposo
duerme como no duermes hace
mucho: con un sueño de novia...
La última noche de novia...
Llegó pronto, ¿verdad? Mañana
adiós cuartito de soltera,
adiós camita, adiós almohada
del sueño lejano y querido
que no volverá...
          ¿Te sorprende

pensar en eso? Tan sereno,
tan dulce que ahora parece.
¡Por fin vino el novio! Fue larga,
muy larga la espera, ¿recuerdas?,
pasaban los años y... nada,
ninguno... ¡Quedarte soltera!
¡Ay!, bien lo temías.
                    En vano
los tiernos coloquios. ¡Qué rabia!,
aquellas preguntas del primo,
¡torpe, ciego!
                ¿Cuándo te casas?
Por fin vino el novio, y por fin
la última noche de novia.
Llegó pronto, ¿verdad? ¡Tan pronto!
Mañana, mañana...
                    ¡Bah! ¿Lloras?

Los viejos se van

¿No te da tristeza? Bueno,
a mí no sé qué me da...
¡Se van los viejos! Los pobres
poquito a poco se van.
Y se van tan despacito
que ni lo sienten, ¿será
el consuelo de saber
que se habrán de ir en paz?
¡Ah, todo es inútil: nada
los detendrá: ¿Pasarán
este otoño, o el invierno
otra vez los hallará
contándonos por las noches
cosas de la mocedad?
Y cuando no estén, ¿durante
cuánto tiempo aún se oirá
su voz querida en la casa
desierta?
¿Cómo serán
en el recuerdo las caras
que ya no veremos más?
¡Que ya no veremos!... ¿Nunca
se te ha ocurrido pensar
en el silencio que dejan
aquellos que se nos van?
Y en nosotros mismos, piensas
alguna vez, ¿es verdad?
En nosotros, que también
nos tendremos que callar.
Cuando nos llegue la hora

como a los viejos, ¿habrá
para nosotros la dulce
confortación familiar
que tanto alivia? ¿Qué labio
piadoso nos besará?
¿Nos sentiremos muy solos?
¿Y nos iremos en paz?

Reíd mucho, hermanitas

Reíd mucho, hermanitas, reíd con esa risa
tan fresca y tan sonora, con esa risa fuerte
que llena nuestra casa de salud. La sonrisa
no es para vosotras todavía: ¡qué suerte!
Que vuestra risa sea como una fuente, y vierta
su chorro alegre sobre nuestra melancolía;
sea como una caja de música que abierta
perennemente suena desde que empieza el día.
Hermanas: reíd de una vez toda vuestra sana
alegría de dueñas del patio, que mañana
—¡ah, mañana!— quién sabe si os habremos de oír.
¡Ay, hermanas, hermanas juguetonas!, ¡ay, locas
rabietas de la abuela!, ¿cuál de esas lindas bocas
será la que primero dejará de reír?

Ninguna más

No. Te digo que no. Sé lo que digo:
nunca más, nunca más tendremos novia,
y pasarán los años pero nunca
más volveremos a querer a otra.
Ya lo ves. Y pensar que nos decías,
afligida quizá de verte sola,
que cuando te murieses
ni te recordaríamos. ¡Qué tonta!
Sí. Pasarán los años, pero siempre
como un recuerdo bueno, a toda hora
estarás con nosotros.
Con nosotros... Porque eres cariñosa
como nadie lo fue. Te lo decimos
tarde, ¿no es cierto? Un poco tarde, ahora
que no nos puedes escuchar. Muchachas
como tú ha habido pocas.
No temas nada, te recordaremos,
y te recordaremos a ti sola:
ninguna más, ninguna más. Ya nunca
más volveremos a querer a otra.

El nene está enfermo

Hoy el hogar no tiene la habitual alegría
de los días hermosos, y eso que hoy es un día
suavemente asoleado. En el patio no hay ruidos,
ni se escuchan las risas sonando en los dormidos
rincones de la antigua casa. La regalona
y traviesa hermanita de siete años no entona
las canciones ingenuas que aprendiera en la escuela,
ni riñe a su muñeca mutilada. La abuela
—¡ah, la pobre abuelita casi nunca está sana!—
olvida su dolencia que lleva una semana
de no darla un momento de reposo. Una incierta
amenaza inquietante ha violado la puerta
del hogar. Bajo el techo
de la casa modesta se presiente en acecho
al dolor. Repentina, melancólicamente,
ha pasado una sombra como por una frente,
como por una frente que fue siempre serena
y que recién ahora la oscurece la pena
con la torva amargura de una arruga muy honda.
Ronda a paso de lobo por nuestra casa, ronda
la tristeza, la angustia,
que ya ha puesto sus fríos labios en una mustia
carita enflaquecida.
Es que el nene está enfermo. Cesó la voz querida
de rumorear sus charlas adorables con esa
locuacidad que hacía bulliciosa la mesa.
¡Ay, el gesto atufado de su enojo risueño
y los cantos que apenas cesaban cuando el sueño,
como dos invisibles alitas de alguaciles,
le tocaba en sus ojos con sus dedos sutiles!

—¡Abuelita, abuelita, hazme pronto la cama!
¡Qué triste ahora, abuela, el nene no te llama!
Por las habitaciones vaga como algo extraño
un silencio penoso que se diría huraño,
y tú vas arrastrando tu cansancio de días
e inútiles son todas las filiales porfías
para que te recuestes un momento siquiera:
—¿Qué espera, mamá vieja?, a acostarse... ¿qué espera?—
Ya sabemos el dulce temor que te detiene:
¿Quién, como la abuelita, cuidaría del nene?
Niño Dios, Nazareno
de las rubias estampas, coronado de espinas,
que curabas las llagas con tus manos divinas:
¿no podrías ser bueno
otra vez, en la hora de las angustias graves,
y decir las piadosas palabras que tú sabes
para que él se mejore,
para que ella no llore?

El aniversario

La casa amaneció triste, callada.
Un aire melancólico se advierte
en los rostros: la pena es resignada.
No se oye reír si se habla fuerte.
Los muchachos faltaron a la escuela,
y desde muy temprano, con incierto
y sombrío fulgor, arde la vela
en la que fuera habitación del muerto.
El recuerdo luctuoso les alcanza
a todos por igual.
                    Durante el día
unas cuantas visitas de confianza
estuvieron a hacerles compañía:
pero, entrada la noche, los amigos
al fin se despidieron, y la pena
contenida en presencia de testigos
extraños, fue a la hora de la cena
más intensa quizás. No había extraños
y el silencio tornóse doloroso:
sintiéronse molestos, casi huraños,
en ese comedor tan bullicioso
otras veces. Se levantó la mesa
sin las conversaciones de costumbre;
permanecieron largo rato presa
de una serena y vaga pesadumbre
que no turbó una sola frase.
        Ahora
charlan de cosas familiares como
en los días tranquilos a la hora
del té. La hermana hojea el primer tomo

de la novela que empezara el jueves,
la abuela reta a alguno y en seguida
de dos o tres observaciones, breves
pero enérgicas, vuelve a su aburrida
soñolencia. La madre escucha y calla,
pensando en el ausente por quien vive
en continua aflicción desde que se halla
tan lejos, el ingrato que no escribe
hace mucho, ni aun de cuando en cuando...
En un rincón la huerfanita cose
ajena a cuanto se habla, suspirando
cada vez que el hermano enfermo tose
con esa ronca tos que le sofoca
atrozmente.   Cansadas
de la tarea diaria, que no es poca,
comienzan a sentirse algo pesadas
las hacendosas manos
de la tía soltera que medita,
evocando memorias de lejanos
noviazgos de muchacha, mientras quita
las rojas iniciales de una toalla
recién planchada, al lado
de la lámpara fiel cuya pantalla
amortigua la luz.   Casi acostado
en el sillón el hijo mayor fuma
su tercer cigarrillo
y cerca uno de los chicos suma
de nuevo el resultado de un sencillo
problema de aritmética.
            En la suave
paz que envuelve la pieza

viene, a intervalos, el recuerdo grave
a conturbarlos. Reina una tristeza
pensativa.
    La charla continúa
como sin ganas, lenta, displicente,
sobre el mal tiempo. Afuera, la garúa
cae en el patio despaciosamente.

El otoño, muchachos

El otoño, muchachos. Ha llegado
sin sentirlo siquiera,
lluvioso, melancólico, callado.
El familiar bullicio de la acera
tan alegre en las noches de verano
se va apagando a la oración. La gente
abandona las puertas más temprano.
Las abandona silenciosamente...
Tardecita de otoño, el ciego entona
menos frecuente el aire que en la esquina
gemía el organillo... ¡Qué tristona
anda, desde hace días, la vecina!
¿La tendrá así algún nuevo desengaño?
Otoño melancólico y lluvioso,
¿qué dejarás, otoño, en casa este año?
¿Qué hoja te llevarás? Tan silencioso
llegas que nos das miedo.
　　　Sí, anochece
y te sentimos, en la paz casera,
entrar sin un rumor... ¡Cómo envejece
nuestra tía soltera!

Mientras el barrio duerme

...¿Tú, tampoco me has oído?
Bueno, que no se repita
otra vez ese silbido.
¡Eh, muchachos, no hagáis ruido:
se fue a dormir abuelita!
Recordando vuestros sustos
continuamente se queja.
Vamos, muchachos, sed justos
y no la deis más disgustos:
cada día está más vieja...
Ahora se ha vuelto odiosa...
Cuando se da a porfiar
¡se pone de fastidiosa!
Ya lo veis: ¡por cualquier cosa
no cesa de rezongar!
...¿Tú, también? Va para rato
que olvidaste tu promesa:
¡después de romper el plato
le pisas la cola al gato
por debajo de la mesa!
¿Conque te muestras violento
porque mi sermón te irrita?
...Es inútil ese cuento...
No te muevas de tu asiento:
¡te conozco, mascarita!
Si tratas bien el asunto
de hoy —¿oyes, cabeza hueca?—
y copias lo que te apunto
tendrás a las diez en punto
café con pan y manteca.

Y, a propósito, ya veo
que te volcaste la sopa
en la ropa, ¿no?, yo creo
que comer así es muy feo:
¡linda te has puesto la ropa!
Tú... no inquietes a tu hermana
tirándola de la trenza.
¿Respondes de mala gana?
¡Todo por una manzana!
¡Pedazo de sinvergüenza!
¿Y tú? ¿Recién te has fijado
que no para de garuar?
¿Al patio así? Ten cuidado,
no salgas desabrigado
que te puedes resfriar.
Cae monótonamente
el agua... ¡Qué silencioso
el barrio! El perro de enfrente
dejó de ladrar. ¿La gente
se habrá entregado al reposo?
Pienso en ellos... En su oscura
mala suerte, y pienso luego
con un poco de ternura:
¿en qué sueño de amargura
se hallará abstraído el ciego?
Allá, solo, en el altillo,
moliendo la misma pieza
quizás suena un organillo;
aunque el aire es tan sencillo
no cansa ¡da una tristeza!
Llora el ritmo soñoliento
que tanto gusta a la loca
amiga nuestra... El son lento...

¡Toca con un sentimiento!
¿Qué pensará cuando toca?
¡Cómo le hace comprender,
noche a noche, al lazarillo,
cuánto le apena el tener
que fumar sin poder ver
el humo del cigarrillo!
¿Y los otros? ¿Los huraños
vecinos? La costurera
ya un poquito entrada en años...
¿Si serán los desengaños
que la dejaron soltera?
Si bien la historia no es clara,
dice la chismografía
que una prima le robara
el novio en su misma cara,
jugando a la lotería.
Al fin y al cabo valiera
más olvidar la traición:
pero por esa zoncera
de la pena que le diera
se enfermó del corazón.
Otro que lleva una vida...
es el haragán de al lado:
¡y encuentra quien lo convida
a embriagarse!... ¡La bebida!...
¿Por qué vendrá en ese estado?
¿Y ese hombre al que nadie ha oído
hablar en una semana
de vivir casi escondido,
que sale ya anochecido
y vuelve muy de mañana?
¿Y aquellos que nos dejaron?

¡Tan obsequiosos y fieles!...
El día que se mudaron
recuerdo que nos mandaron
una fuente de pasteles.
¿Y la viuda de la esquina?
La viuda murió anteayer.
¡Bien decía la adivina,
que cuando Dios determina
ya no hay nada más que hacer!
De los cuatro huerfanitos
no se sabe qué será:
¿a dónde irán? ¡Pobrecitos,
hermanos, los muchachitos
que se quedan sin mamá!
Mira, muchacho, la vela
se va a terminar, repasa
tus lecciones de la escuela...
Ya se ha dormido la abuela:
¡qué silencio hay en la casa!...

Está enfermo y quiere verte

¿No me respondes? ¿Te han dicho
a lo que vengo? No es hora
de negarte: ese capricho
sería cruel ahora.
Quiere que vayas a verle...
Quedó en un grito, entretanto.
¡Vieses! Debemos tenerle
compasión: ¡padece tanto!
¡Y vuelta a la misma queja!
Ya ni un momento se calma,
¡si vieses cómo se queja,
se te partiría el alma!
Se le conoce en la cara
el sufrimiento. Al hablar
vuelve la cabeza para
que no le vean llorar.
¡Si no regreso contigo
le he de causar una pena!
Después de todo es mi amigo...
Vamos, por favor, ¡sé buena!
Aunque siempre fue un ingrato
tú no eres rencorosa,
¡vamos, estarás un rato
y le dirás cualquier cosa!
Vamos, antes que se muera:
así le perdonarás...
¡Vamos!, el pobre te espera:
¡vendrás a verlo!, ¿vendrás?

En el cuarto de la novia

Se levantaron de la mesa
y fueron a ver el vestido
de la novia:
      ¡Qué lindo estaba,
tan blanco, tan blanco! ¡Qué lindo!
¿y la novia? ¡Ay, la novia! Cómo
tenía de alegre la cara...
Todos los ojos la miraron
Y ella se puso colorada.
«—Señora, señora!—»
      Le llovieron
las alusiones y las bromas
de las muchachas. ¡Qué palabra,
qué palabra tan dulce!: ¡novia!
Alguna recordó entre burlas
ingenuas lo del primer beso:
«—Había que verla, muchachas!
Valía la pena, por cierto.»
Y cuando empezaba:
      «—Una noche...»
Se le heló en los labios la risa.
¡Ave María! ¡De qué modo
más raro miraba la prima!

¡Por el corazón!

¡Tan colorada la sandía!
¿Será más rica que el melón?
Esta primer tajada es mía:
para ti, prima, el corazón.
Ya salió la otra... ¡No digo!
Ayer fue lo mismo... ¡Es gracioso!
Comenzó a llorar por el higo
que le arrebatara el mocoso
del hermano. ¿Más? ¡En seguida!
¿Volvemos? ¡Pues no se figura
que hay que brindarle cuanto pida:
caramba con la criatura!
¡Linda se ha puesto! ¡Sí, señor!,
se ha puesto lo más regalona...
¡no quiere sino lo mejor,
como si tuviese corona!
Y, por cualquier cosa no deja
en paz a nadie: se levanta,
y ya oímos alguna queja
de la señorita. ¡La santa!
La culpa la tiene abuelita.
¡Es natural! ¡La mima tanto!,
Cuidado con retarla... ¡Hijita!,
no sé quién puede con tu llanto.
¡Está de mal acostumbrada!
En cuanto la miran se enoja.
¿Negarle algo a ella? ¡No es nada!
¡Claro, hace lo que se le antoja!
La pavota... Se muerde un dedo
de rabia. ¡Cómo patalea!

¡Y pone una cara!... ¡Da miedo!
¡Ay Jesús, qué cara tan fea!
Fea, sí, fea como un susto.
¿Hasta cuándo con esos gritos?
—...¡Si lo decíamos de gusto!
Bueno, basta de pucheritos...
¡Qué zonza! ¡Si será inocente!
¡Derrama cada lagrimón!...
¡Llorar de ese modo! ¡Valiente!
¡Y todo por el corazón!...

La lluvia en la casa vieja

Hoy es un día horrible. Ya es valiente
quien se atreve a salir de su agujero...
¡Qué modo de llover! Furiosamente
en el techo de zinc el aguacero
tamborilea sin cesar. Lo grave
es que se llueve aquí peor que afuera,
y hay para rato, es natural... Quién sabe
cómo diablos se ha abierto esta gotera.
¡Esta gotera! Por el cielo raso
se filtra el agua: baja a las paredes,
se divide en las grietas, y, de paso,
alcanza a las arañas en sus redes.
Pero hay que ver el patio... La fangosa
reciente lagunita que rodea
el pozo, y la tinaja que rebosa
mientras el viejo caño canturrea.
Las muchachas están en la cocina:
una se ha puesto a preparar la masa,
algo quejosa de que falte harina,
y otra derrite en la sartén la grasa.
Las demás, como siempre, en discusiones;
lo de todas las noches: sobre el juego.
Bueno, a contar bolillas y cartones:
¿es que tendremos lotería, luego?
Alegres charlan... No han de ser muy pocas
las historias... ¡Conversan tan de prisa!
¿Qué se conversará cuando esas locas
apenas pueden aguantar la risa?
¿Bromitas a la novia? Se conoce

que hoy se llevó un buen reto de la abuela:
¡la niña estuvo anoche hasta las doce
leyendo, muy oronda, una novela!
¡Sí, señor! como suena, muy oronda...
Pero, lo sospechamos al culpable:
no es ella, no... Es inútil que se esconda,
ya verá el pillo cuando abuela lo hable.
Y sigue el chaparrón. ¡Cómo diluvia
en el jardín! Adiós el enrejado:
era un adorno al fin, maldita lluvia...
¡Daba una vista, así, recién pintado!
¡Adiós, con este viento, la glorieta!...
¡Los claveles, muchachas, los claveles!
quien no vuelva trayendo una maceta
se quedará esta noche sin pasteles.
A ver, Florinda, a ver dónde pisamos:
las baldosas del patio se hallan flojas
y te salpican toda entera... Vamos,
por ahí no, con cuidado, ¡que te mojas!
Tan a destiempo el resbalón ¿no es cierto?
¡Ah, ese primo, si hubiera andado listo!
¡Y se atreve a decir que ha descubierto
unas cosas más lindas! ¡Lo que ha visto!
¿Reproches? Se ha lucido la lectora.
¡También la otra zonza es tan autera!
Se ha lucido. Si lo supiese ahora
alguno que yo sé... ¡Si lo supiera!
Lo hizo de gusto, madre; sí, de gusto:
la empujó adrede, ¿sabes? ¡Mentiroso!
¡Por culpa de él la pobre se dio un susto!
¡y festeja sus gracias, el odioso!...
La rubia... ¡Cómo viene de agitada!
¿Que le ganó a correr a las eternas

despaciosas? ¡Jesús, qué colorada!
¿Será porque al saltar mostró las piernas!
¡Míralas, madre, llegan hechas sopas!
A mudarse, muchachas, a mudarse.
Sí, no dejarse estar con estas ropas
empapadas, no vayan a enfermarse...
Y aún se quedan a porfiar. ¡Las fachas!
¿Hay más? Caramba con las señoritas...
¡Hasta cuándo, por Dios! ¡Pronto, muchachas,
que se van a enfriar las tortas fritas!

Ahora que estás muerta

¡Si supieses!, cada día
te sentimos más. Apenas
te olvidamos un momento,
levantamos la cabeza
y en seguida nos parece
que vas a entrar por la puerta.
No sabes con qué cariño
en casa se te recuerda:
¡si nos pudieses oír!
A veces, de sobremesa,
cuando nos reunimos todos
y el pobre viejo conversa
con los muchachos, de pronto
después de alguna ocurrencia,
nos quedamos pensativos
un rato largo: se queda
todo el mundo así, y el viejo
se retira de la mesa
sin decir una palabra...
Una palabra... Da pena
verlo sufrir en silencio.
¡Ah, cómo se te recuerda!
Abuelita, que está sorda,
si hablamos delante de ella
por nuestras caras conoce
que hablamos de ti. ¡La vieras!
Por la noche, al acostarnos,
es claro, los chicos rezan,
aunque no lo necesites
porque siempre fuiste buena

y no hiciste mal a nadie:
¡al contrario!
                    ¡Una tristeza!
nos da cuando recordamos
algunas diabluras nuestras!
Cuando pensamos las veces,
aquellas veces, ¿recuerdas?,
que te hacíamos rabiar
de gusto, por mil zonceras...
Éramos un poco malos,
pero ahora que estás muerta
nos tienes que perdonar
todas aquellas rabietas,
y las bromas que te dábamos,
esos gritos a la puerta
de tu cuarto, cada vez
que te ponías paqueta
para recibir al novio,
y esas travesuras, y esas
mentiras que te contábamos,
para no ir a la escuela...
Y tú, apenas nos retabas
entonces...
            ¡Una tristeza
nos da cuando recordamos!
Pero, ahora que estás muerta,
¿no es verdad que nos perdonas
todas aquellas rabietas?

Hay que cuidarla mucho, hermana, mucho...

Mañana cumpliremos
quince años de vida en esta casa.
¡Qué horror, hermana, cómo envejecemos,
y cómo pasa el tiempo, cómo pasa!
Llegamos niños, y ya somos hombres,
hemos visto pasar muchos inviernos
y tenemos tristeza. Nuestros nombres
no dicen ya diminutivos tiernos,
ingenuos, maternales; ya no hay esa
infantil alegría
de cuando éramos todos a la mesa:
«—¡Que abuela cuente, que abuelita cuente
un cuento antes de dormir, que diga
la historia del rey indio...»
      Gravemente
la voz querida comenzaba...:
      «—Siga
la abuela, siga, no se duerma!»
      «—¡Bueno!...»
¡Ah, la casa de entonces! La modesta
casita en donde todo era sereno,
¡nuestra casita de antes! No, no es esta
la misma. ¿Y los amigos, las triviales
ocurrencias, la gente que vivía
en el barrio ... las cosas habituales?
¡Ah, la vecina enferma que leía
su novela de amor! ¿Qué se habrá hecho
de la vecina pensativa y triste
que sufría del pecho?
¡Era de linda! Tú la conociste,

¿no te acuerdas, hermana?
Ella leía siempre una novela
sentada a una ventana.
Nosotros la mirábamos. Y abuela
la miraba también. ¡Pobre! Quién sabe
qué la afligía. A veces ocultaba
el bello rostro, de expresión muy suave,
entre sus blancas manos, y lloraba.
¡Cómo ha ido cambiando todo, hermana,
tan despaciosamente! Cómo ha ido
cambiando todo... ¿Qué se irá mañana
de lo que todavía no se ha ido?
Ya no la abuela nos dirá su cuento.
La abuela se ha dormido, se ha callado:
la abuela interrumpió por un momento
muy largo el cuento amado.
Aquellas risas límpidas y claras
se han vuelto graves poco a poco, aquellas
risas que no se habrán de oír. Las caras
tienen sombras de tiempo en tiempo; huellas
de pesares antiguos, de pesares
que aunque se saben ocultar existen.
En las nocturnas charlas familiares
hay silencios de plomo que persisten
hoscos, malos. En torno de la mesa
faltan algunas sillas. Las miradas
fijas en ellas, como con sorpresa,
evocan dulces cosas esfumadas:
rostros llenos de paz, un tanto inciertos
pero nunca olvidados. ¿Y los otros?,
nos preguntamos muchas veces. Muertos
o ausentes, ya no están: solo nosotros
quedamos por aquellos que se han ido;

y aunque la casa nos parezca extraña,
fría, como sin Sol, aún el nido
guarda calor: mamá nos acompaña.
Resignada, quizá, sin un reproche
para la suerte ingrata, va olvidando,
pero, de cuando en cuando, por la noche,
la sorprendo llorando:
«—¿Qué tiene, madre? ¿Qué es lo que la apena?
¿No se lo dirá a su hijo... al hijo viejo?
¡Vamos, madre, no llore, sea buena,
no nos aflija más... ¡basta!» ¡Y la dejo
calmada, libre al fin de la amargura
de su congoja atroz, y así se duerme!
¡Húmedas las pupilas de ternura!
¡Ah, Dios no quiera que se nos enferme!
Es mi preocupación... ¡Dios no lo quiera!
Es mi eterno temor. ¡Vieras! No puedo
explicártelo. Sí ella se nos fuera
¿qué haríamos nosotros? Tengo miedo
de pensarlo. Me admiro
de cómo ha encanecido su cabeza
en estos meses últimos: la miro,
la veo vieja y siento una tristeza
tan grande... ¿Esa aprensión nada te anuncia
hermana? Tú tampoco estás tranquila:
tu perdida alegría te denuncia...
También tu corazón bueno vigila.
Yo no sé, pero creo que me falta
algo cuando no escucho
su voz. Una inquietud vaga me asalta...
Hay que cuidarla mucho, hermana, mucho...

Libros a la carta

A la carta es un servicio especializado para
empresas,
librerías,
bibliotecas,
editoriales
y centros de enseñanza;
y permite confeccionar libros que, por su formato y concepción, sirven a los propósitos más específicos de estas instituciones.

Las empresas nos encargan ediciones personalizadas para marketing editorial o para regalos institucionales. Y los interesados solicitan, a título personal, ediciones antiguas, o no disponibles en el mercado; y las acompañan con notas y comentarios críticos.

Las ediciones tienen como apoyo un libro de estilo con todo tipo de referencias sobre los criterios de tratamiento tipográfico aplicados a nuestros libros que puede ser consultado en Linkgua-ediciones.com.

Linkgua edita por encargo diferentes versiones de una misma obra con distintos tratamientos ortotipográficos (actualizaciones de carácter divulgativo de un clásico, o versiones estrictamente fieles a la edición original de referencia).

Este servicio de ediciones a la carta le permitirá, si usted se dedica a la enseñanza, tener una forma de hacer pública su interpretación de un texto y, sobre una versión digitalizada «base», usted podrá introducir interpretaciones del texto fuente. Es un tópico que los profesores denuncien en clase los desmanes de una edición, o vayan comentando errores de interpretación de un texto y esta es una solución útil a esa necesidad del mundo académico.

Asimismo publicamos de manera sistemática, en un mismo catálogo, tesis doctorales y actas de congresos académicos, que son distribuidas a través de nuestra Web.

El servicio de «libros a la carta» funciona de dos formas.

1. Tenemos un fondo de libros digitalizados que usted puede personalizar en tiradas de al menos cinco ejemplares. Estas personalizaciones pueden ser de todo tipo: añadir notas de clase para uso de un grupo de estudiantes, introducir logos corporativos para uso con fines de marketing empresarial, etc. etc.

2. Buscamos libros descatalogados de otras editoriales y los reeditamos en tiradas cortas a petición de un cliente.

www.ingramcontent.com/pod-product-compliance
Lightning Source LLC
Chambersburg PA
CBHW031723230426
43669CB00007B/224